교실 속 딜레마상황
100問101答 ①

지혜로운 교사

교실 속 딜레마상황
100問 101答 ❶

ⓒ 우리교육 2008
2008년 3월 3일 처음 펴냄
2023년 12월 15일 12쇄 펴냄

엮은이 우리교육
펴낸곳 (주)우리교육
펴낸이 신명철
등록 제 313-2001-52호
주소 03993 서울특별시 마포구 월드컵북로 6길 46
전화 02-3142-6770
전송 02-6488-9615
홈페이지 www.urikyoyuk.modoo.at

이 책 내용을 쓰고자 할 때는 저작권자와 출판사의 허락을 받아야 합니다.
잘못된 책은 바꾸어 드립니다.

ISBN 978-89-8040-638-8 13370

이 도서의 국립중앙도서관 출판시도서목록(CIP)은
서지정보유통지원시스템 홈페이지(http://seoul.nl.go.kr)에서 이용하실 수 있습니다.
(CIP제어번호:CIP2008000561)

지혜로운 교사

교실 속 딜레마상황 ①

100問101答

우리교육 엮음

우리교육

배움과 나눔, 모두를 위한 교육 지혜로운교사

여전히 많은 문제들을 안고 있지만, 우리 교육계는 제도와 내용이라는 두 측면에서 한 걸음씩 나아가고 있습니다. 현장 교사들의 꾸준한 연구와 실천을 통해 수많은 교육 자료들이 쌓이고 있습니다.

그럼에도 우리 교육출판계를 보면, 그 흔적을 찾기 힘듭니다. 직접 아이들과 함께 한 교육활동의 결과들을, 말 그대로 살아 있는 교사의 언어로 담아낸 책들이 빈약합니다. 교사들의 실천을 정리해내는 동시에 다른 교사들의 성장을 도모할 수 있는 그 무엇이 필요하다고 봅니다.

교사는 끊임없이 배우고 성장하며 나누는 존재입니다. 아무리 세상이 경쟁으로 치닫고 자본에 눈먼다 해도 교육에서만은 포기할 수 없는 중심 가치가 있습니다. 바로 '배움'과 '나눔'입니다. 스스로 서고 더불어 잘살기 위한 배움과 나눔이 아니라면 교육의 진정성은 사라질지도 모릅니다.

우리교육은 '모두를 위한 교육'을 지향하며, 이제껏 개인 차원에서만 다루어진 교사들의 교육 실천 경험들을 〈지혜로운 교사〉 시리즈로 모아내고자 합니다. 그 결과물을 다른 교사들과 나누는 과정에서 함께 성장해가는 책으로 만들고자 합니다. 이 각박한 세상에서 묵묵히 아이들과 함께 교사들이 일구고 있는 미래를 이 속에 고스란히 담고 싶습니다.

2008년 3월 우리교육

차 례

교실 속 딜레마상황
100問 101答 ❶

1부 껍데기를 깨고 나오기 힘겨운 아이들

2부 방황 속에서 엇나가는 아이들

3부 사랑과 관심이 그리운 아이들

'교실 속 딜레마 상황 100문 101답'이란 이름으로 〈초등 우리교육〉에 연재하던 내용을 간추려 책으로 내게 되었습니다. 교사들의 교육활동을 적극 지원하기 위해 우리교육에서 의욕적으로 추진하고 있는 '지혜로운 교사' 시리즈의 첫 권이기도 합니다.

교실에서 교사들은 숱한 문제 상황과 직면하게 됩니다. 지나치게 자기중심적인 아이가 있는가 하면, 자는 것을 깨우는 교사에게 욕을 하며 대드는 아이도 있습니다. 친구를 왕따로 내돌려 괴롭히는 험악한 상황도 수시로 불거집니다. 그러나 예고 없이 터지는 이런 상황마다 '교육적으로' 솜씨 있게 대처하기란 참으로 난망한 일이 아닐 수 없습니다. 어떤 교육 담론이나 교육장서도 구체적인 처방을 내려주지 않거니와 도덕적 잣대만으로 재단할 수 없는 장면이 대부분입니다.

《교실 속 딜레마 상황 100문 101답》이 놓이는 자리가 바로 여기입니다. 학급을 제대로 이끌기 위해서는 교사의 민주적인 태도나 포용성 외에, 아이들의 사소한 다툼, 심리적 갈등, 갑작스런 사건 등 일상적으로 벌어지는 일을 성숙하게 수습할 수 있는 '솜씨'가 필요합니다. 이러한 상황에 대한 교사의 반응과 대처는 그 자체가 교육이며, 학생 개개인의 성장에 중대한 영향을 미친다는 것을 우리는 잘 알고 있습니다. 배우고 가르치는 일들을 가능하게 하는 교실의 '정서적 상황'도 여기에서 명암이 엇갈리기도 합니다.

이 책에서는 이렇듯 일상적으로 벌어지되 판단하기 어려운 상황들을 두 권으로 나누어 여섯 가름으로 구분하여 다루었습니다. 장면마다 접근 태도가 다른 두세 교사의 답글을 나란히 배치한 것은 대처 방식의 관습화를 우려해서입니다. 교육적 대처에 정답이 있을 리 없습니다. 또한 조급한 성과주의를 경계코자 구체적인 응급처방보다 '인내하고 기다려라'는 원칙적 시선을 강조하기도 했습니다. 아이들의 성장은 현재 진행형입니다. 자칫 섣부른 개입보다는 유연한 태도로 지켜보는 것이 스스로의 성장 동력을 회복케 하는 좋은 방안이 되기도 합니다. 아이들의 마음을 품고 그들을 지원하는 교사의 태도는 어느 장면에서나 유효합니다.

이 책의 기획 과정을 챙겨 준 조성실 선생님과 부끄러운 실패 경험을 마다치않고 답글을 주신 각지의 여러 선생님들께 거듭 감사를 드립니다. 교실이 존재하는 한 이 책은 계속 이어져 나갈 것입니다.

행복한 교실을 꿈꾸는 선생님들의 건투를 기원합니다.

2008년 3월 우리교육

1부

망설임과 성찰 속에 성장하는 교사

● 3월 초 아이들, 확 다잡아야 하나요?

● 의욕 없는 아이들, 지난해 아이들이 그립습니다

● 1학년 아이들, 너무 조심스럽습니다

● 급식지도, 즐거운 점심시간으로 보낼 수 없나요?

● 어떻게 해야 아이들이 장애 있는 친구와 함께 할 수 있을까요?

● 왜 학교에서 실내 정숙을 가르쳐야 하나요?

● 새 학기, 학부모 만나는 게 두렵습니다

● 제 맘 몰라주는 학부모 때문에 속상해요

3월 초

확 아이들, 다잡아야 하나요?

> 3년차 교사입니다.
> 처음 발령나서 연수를 받으면서, 3월에 아이들을 맞이하는
> 자세가 중요하다는 강의를 들었습니다. '친절하고 자상하면서

수용적인 선생님'이 되라더군요. 하지만 '사랑'으로 맞이하는 새내기 교사의 마음을
아이들이 알아주지는 않았습니다. 아이들은 수업 준비도 제대로 하지 않고, 수업 시
간에 톡톡 끼어들기 일쑤였습니다. 시간이 지날수록 처음 결심과는 달리 소리도 지
르고 화도 내보았지만 아이들이 제 머리 위에 서 있다는 생각이 들었어요.

이듬해, 선배 교사들은 3월에는 아이들한테 잘 웃지도 말고 다정한 말도 삼가면서
분위기를 다잡아야 한다고 충고해 주더군요. 2년째부터는 엄격하고 단호한 자세를
보이리라 다짐했습니다. 그러고 나니 수업이 참 수월했습니다. 하지만 또 다른 고민
이 시작되었어요. 말썽 없는 '착한' 아이들이 너무 멀게 느껴지는 것은 왜일까요.
몇몇 머리 굵은 여학생들의 미소마저 싸늘하게 느껴집니다.

"이창환, 이창환이 누구야?"

아이들의 시선이 한 아이에게 꽂혔습니다. 교실은 정말 숨소리조차 들리지 않을 만큼 조용했습니다. 아이들은 불안한 눈빛으로 그 아이와 처음 만난 담임을 번갈아 쳐다보았습니다. 누구에게 배운 것도 아닌데 제 목소리와 표정은 스스로도 의식할 만큼 무서웠습니다. 그러니 아이들은 어떠했겠어요.

"네가 그렇게 유명한 녀석이야? 올 한 해 내게는 절대로 안 통한다. 이 시간 이후로 한 번이라도 선생님 눈에 잘못하는 행동을 보이면 그땐 각오해!"

그 전까지 저는 첫 만남을 아주 따뜻하게 준비하던 교사였습니다. 단지 첫날만을 위한 제스처가 아니라 1년 내내 그리하고자 노력했습니다. 덕분에 아이들과도 사이가 좋았지요. 가는 말이 고와야 오늘 말이 곱다고, 아이들은 제가 사랑을 베푼 만큼 즐거움을 주었습니다.

그런데 그해, 저는 학교에서 떠들썩했던 이창환에게 지레 겁을 먹었던 것 같습니다. 아니 이창환 한 아이 때문이 아니라 '쌍룡띠' 아이들이 얼마나 극성스러운지 모른다는 선생님들의 충고에 미리 '기를 꺾자'는 생각을 했던 것 같습니다. 마음속에서는 결코 그렇게 하지 말아야지 하면서도 한 주만 '겁을 주자'는 결론을 내렸습니다. 한 주 뒤에 아이들과 다시 친하게 지내면 된다는 마음으로 말이지요. 그러나 그 한 주는 두세 달 동안 모든 아이들의 마음을 꽁꽁 닫아 놓았고, 제가 원하는 관계로 이어진 것은 2학기로 접어들면서였습니다. 얼마나 후회했는지 모릅니다.

많은 선생님들이 동료 교사들의 상반된 조언을 들으면서 어떤 방법을 택 할지 망설입니다. 그러나 이는 서로 다른 문제를 한 문제로 혼동해서 벌어지는 일이라고 생각합니다. '따뜻하고 친근하게 아이들과 첫 만남을 갖는 것'과 '아이들 버릇이 없어지는 것'은 사실 별개 문제입니다. 아이들에게 사랑으로 다가가고, 때로는 친구 같고, 자상한 아버지 같은 역할을 하는 것은 교사의 기본자세라고 생각합니다. 여기서 교사들은 종종 그 경계를 짓는 엄격함을 놓쳐 힘들어합니다.

아이들에게 사랑을 듬뿍 주는 것은 중요합니다. 하지만 수업 시간과 생활지도에는 분명한 원칙이 있어야 합니다. 새내기 교사들이 아이들 때문에 눈물을 흘리고 동료 교사들에게 아이들을 잘못 다룬다는 말을 듣는 것은 대부분 아이들이 무질서하기 때문입니다. 사랑을 주면 아이들이 버릇없어진다(또는 무질서해진다)는 말은 틀린 말입니다. 그것은 아이들을 사랑해서 나온 결과가 아니라 생활지노를 너무 우유부난하게 한 결과입니다.

어렵더라도 교사와 학생의 '경계선'을 아이들이 넘지 못하도록 사랑해야 합니다. 부드러움만 주고 강한 면을 보여 주지 못하면 대부분 실패합니다. '강하다'라는 말을 '무섭다'라는 말로 받아들이면 안 됩니다. '강하다'는 것은 분명한 원칙이 있다는 것이지요. 아이들에게 친구처럼 대하고 아빠처럼 대하면서도, 분명한 생활지도 원칙으로 흐트러지지 않는 모습을 보이세요. 하루아침에 달라지지는 않겠지만 때가 되면, 생활지도가 바르게 된 아이들과 수다를 떨며 교실 문을 나서는 즐거움이 올 것입니다.

신명기 서울 영훈초 교사

**권위와 교감을
조화롭게
발휘하세요**

단순히 '엄격함'과 '수용적 태도'를 시계 추처럼 오가는 것은 그리 현명한 방법이 아닐 듯싶습니다. 좀 더 자세하고 명료하게 들여다볼 필요가 있겠지요. 어느 한쪽만 고집해야 하는 것도 아니고, 배타적으로 선택해야 하는 문제도 아닙니다. 하지만 현실에 드러나는 경향성으로 미루어보아 두 가지 상반된 극단을 생각해 볼 수는 있습니다. 이른바 엄격한 교사(권위 중심)와 수용적인 교사(교감 중심)에게서 나타나는 고민으로, 이는 교사들만 문제일 뿐만 아니라 아이들에게서 부메랑이 되어 돌아오게 됩니다.

권위 중심의 학급운영

교 사 휴지를 주우라고 시키면 잘 줍지만 시키지 않으면 바로 앞에 떨어진 것도 못 본 척 줍지 않는 수동적인 아이들 때문에 속이 상한다. 자율성은 없고 손에 쥐어 주어야만 하는 아이들 때문에 점점 힘이 들고 짜증이 나기 시작한다. 열심히 준비해 간 수업 자료도 아이들의 흥미와 맞지 않을 때는 호응도가 높지 않으며 의욕 없는 아이들로 인해 기대감이 무너질 때가 많다. 또한 아이들에게서 느껴지는 보이지 않는 벽은 교사에게 외로움으로 다가온다. 해 보는 데까지는 열심히 해 보지만 일일이 챙겨 줘야 하는 데 한계를 느끼고, 자꾸 아이들에 대한 믿음이 깨지면서 포기하게 되고 결국 될 대로 되라는 심정으로 자포자기해 "그럼 너희들 맘대로 (……) 한번 해 봐라"는 식으로 방임해 버리는 결과까지 나타난다.

아이들 교사에게 이야기를 해도 예외나 변동이 별로 없다는 것을 알기에 숨기는 일이 많아지며, 선생님이 답을 알고 있다는 생각에 자꾸 의존하게 된다. 단호하게 옳고 그름을 가리고 다정하지 않은 선생님을 대할 때면 자꾸 주눅이 들고, 부담스럽고, 어렵게 느껴져 다가가기가 힘들다. 빈틈없고 체계적으로 꽉 짜인 교실생활을 버거워하며 갇힌 듯 갑갑하게 느낀다.

교감 중심의 학급운영

교 사 아이들이 수업 시간에도 산만하고 소란스러워 옆 반에 방해가 될까 걱정한다. 다른 반에 비해 질서가 잡히지 않아, 공동체생활을 하는 데 불편이 따른다. 아이가 규칙을 어겼을 때, 상황에 따라 그럴 수도 있다고 보기 때문에 확실하게 밀고 나가지 못하고 흐지부지될 때도 있다. 반 아이가 나보다 다른 반 선생님의 말에 더 신경 쓰고, 이에 따라 빠르게 행동이 바뀌는 모습을 보면 속이 상한다. 이러한 방식이 '자유와 자율을 가르치는 게 아니라, 버릇만 나빠지게 하는 건 아닐까' 리는 생각이 들면서 회의에 빠지고, 아이들에게 자꾸 "다음에는 ○○○할 거야"를 외치며 윽박지르고 협박하는 데까지 이른다.

아이들 너무 느슨하다는 느낌을 받아 일관된 규칙을 바란다. 질서가 잘 잡히지 않아 소란스러울 때는 선생님이 무능하다는 생각을 하며 선생님보다 친구들에게 의존한다. 일관성이 없어서 혼란을 겪기도 한다. 옳고 그름을 가릴 때 딱 부러지게 결론 내리기를 바라며, 성취 욕구가 강한 아이들은 일이 빨리 추진되지 않는 데 답답함을 느낀다.

저마다의 교육관과 가치관, 성격에 따라 교사는 어느 한쪽에 가깝게 학급운영을 하기 쉽습니다. 그러므로 권위를 중심으로 학급을 운영하는 것과 아이들과의 교감을 중심으로 운영하는 것 가운데 어느 것이 더 우위에 있고, 더 올바르며, 더 가치 있다고 말할 수는 없습니다. 다만 어떻게 운영하든 장단점이 있음을 인식하고, 아이들 입장에서 자신의 학급운영을 객관적으로 바라볼 수 있는 눈을 갖는 것이 필요합니다. 어떤 경우에도 어려움을 겪으며 적응하기 힘들어하는 아이들이 있게 마련입니다. 엄격한 쪽이라면 아이들과의 친밀감을 높일 필요가 있고, 친근한 편이라면 필요에 따라 단호함도 활용할 줄 알아야 합니다. 그런 과정에서 조화의 미덕을 발휘할 수 있겠지요.

개인적인 만남에서나 의사 결정 단계에서는 아이와의 교감을, 전체와의 만남이나 결정 사항(규칙이나 약속)을 실행하는 일에서는 합의된 권위를 활용하는 것이 좋을 듯싶습니다. 그날그날의 기분에 따라 일관성 없이 권위와 교감 사이를 오락가락하는 것은 아이들에게 혼란만 줄 수 있다는 사실도 놓쳐서는 안 됩니다.

최운규 충남 서산 운산초 교사

의욕 없는 아이들,
지난해 아이들이 그립습니다

벌써 4월인데 교실 문을 빠끔히 들여다보며 인사하고 가는 지난해 아이들이 그립습니다. 3월에는 이것저것 학교 일 처리하고 아이들을 파악하느라 별 문제없이 잘 지냈습니다. 그런데 4월이 되고 본격적으로 교과를 가르치다 보니 너무나 조용한 이번 아이들에게 정이 안 가네요.

유난히 웃음 많고 귀엽고 잘 까불면서도 열심히 하던 지난해 아이들에 비하여 올해는 왜 그리 웃음도 없고 열의도 없고 냉랭한 아이들만 모였는지, 자꾸 아이들을 원망하게 됩니다. 가령, 아이들은 떠들다가도 내가 "머리에 손!" 하고 외치면, 순간 조용해집니다. 어느 선생님은 부럽다고도 하지만 결국은 내가 의도하지 않은 교사의 모습이 되어 가는 듯해 자꾸 의욕이 떨어집니다.

학급 분위기가 아이들의 기질에 따라 이렇게까지 달라질 수 있을까요? 아니면 제가 문제일까요? 매사에 의욕 없고 자신감 없는 아이들을 어떻게 대해야 할지, 오늘도 한숨만 나옵니다.

저도 선생님과 비슷한 경험을 여러 번 했습니다. 아마 선생님과 저뿐만 아니라 꽤 많은 분들이 이런 경험을 했을 거예요.

저는 교사의 마음이 문제라고 생각합니다. 좋게 말하면 선생님께서 남달리 정이 많아 아이들에게 유난히 마음을 많이 준 듯합니다. 지난해 아이들은 선생님과 함께 참 행복한 시간을 보냈을 것 같아요. 그러나 이제는 선생님 마음을 살펴볼 때가 되지 않았나 생각합니다. 선생님과 올해 아이들, 그리고 지난해 아이들을 위해서 말이에요. 지난해 아이들에게 미련이 남아 있는 한 올해 아이들은 찬밥 신세를 면하기 어려우니까요. 지난해 아이들은 요즘 어떻게 지내는지 들어보셨는지요? 아이들이라 어른보다는 마음 정리가 빠르긴 하지만 아이들도 새 선생님과의 생활에 재미를 못 느끼고 힘들어할 수 있습니다. 선생님이 마음속으로 지난해 아이들을 잡고 있으면, 아이들도 새 선생님한테 적응하기 어렵습니다. 사람 마음은 참 묘해서 말하지 않아도 서로 통하거든요. 선생님께서 아이들을 마음에 두고 있으면, 아이들도 선생님을 잊지 못하고 늘 그리워하게 됩니다. 그러다가 때로 선생님과 비교하며 새 담임선생님께 불만을 내비칠 수도 있어요. 그런 행동을 하면 애나 어른이나 사랑받을 수 없습니다.

이제 시선을 올해 아이들에게 돌려볼까요? 그 아이들도 지금 혼란스러워하고 있을지 몰라요. '얌전히 앉아 있으면 잘한다고 늘 칭찬받았는데 왜 이번 선생님은 칭찬을 안 해 주실까?' '나는 정말 떨리고 자신도 없는

데 선생님께서는 발표 안 한다고 속상해하셔. 나도 하고 싶지만 그래도 용기가 안 나는 걸.' 마음속으로 이런 말을 하고 있지는 않을까요? 아이들은 지금까지 하던 대로 자기 모습을 드러내고 있을 뿐이에요. 그 모습이 선생님 마음에 안 들 뿐이지요. 사람들은 좋아하는 것이 서로 다르잖아요. 어느 선생님이 부럽다고 말씀하신 것도 그 때문일 거예요.

그렇다면 이제 어떻게 할까요? 먼저 잘 웃고 무슨 일이든 열심히 하는 아이들이 좋다는 생각을 내려놓으세요. 그건 선생님이 가지고 있는 잣대입니다. 명랑한 아이가 좋다는 잣대를 모든 아이들에게 들이대면 말이 적고 진지한 아이는 사랑받을 기회를 잃게 됩니다.

'이 아이는 말이 별로 없구나' '이 아이는 자기주장이 강하구나' 이렇게 사실만 바라볼 수 있어야 합니다. '몇 번을 물어도 대답이 없군. 정말 답답한 아이야. 난 이런 아이는 마음에 안 들어. 지난해 아이들은 안 그랬는데. 정말 짜증 나.' '이 아이는 정말 버릇이 없군. 말끝마다 나서서 따지려고 들어. 도대체 부모가 어떻게 키운 걸까? 조그만 아이가 나에게 반항하는 거야? 교사를 우습게 보는 게 틀림없어.' 이렇게 생각을 자꾸 보태나가면 모든 게 못마땅하고 점점 의욕도 사라집니다.

선생님께서는 요즘 잘 웃으시나요? 혹시 아이들 따라 냉랭한 표정을 짓지는 않으시는지요? 교사의 마음이 흔들리면 아이들을 도울 수 없습니다. 선생님이 갖고 있는 잣대를 내려놓고 다시 시작해 보세요. 아이들은 금방 바뀔 겁니다.

황재숙 서울 상곡초 교사

한 학급에 모인 아이들이 만들어 내는 분위기가 분명 있지요. 선생님이 맡으신 아이들처럼 표현도 적고 열의도 없어 보이고 웃음이나 유머도 적은 아이들이 많이 모여 만들어 내는 분위기도 있고, 유난히 생각도 잘하고 밝고 적극적인 아이들이 많이 모여서 만들어 내는 분위기도 있습니다. 그러나 어떤 아이들이든 교사가 아이들과 함께 학급운영을 하면서 1년을 행복하게 가꾸어야 하는 사실에는 늘 변함이 없습니다.

저도 오랫동안 아이들을 가르치면서 새로 만난 아이들이 전 학년 아이들과 비교되고 마음에 맞지 않아 고생한 적이 있습니다. 한 번은 이런 일이 있었지요. 높은 학년을 하고 이듬해에 2학년 아이들을 만났습니다. 무엇을 해도 반응이 없고, 잘 웃지도 않고, 또 얼마나 더디던지. 하는 일마다 마음에 들지 않으니, 기껏 즐겁게 공부하려고 준비한 것이 모두 허사로 돌아가기 일쑤였습니다. 그러니 아이들과 웃으려야 웃을 수도 없었지요. 이렇게 한 달을 엄하게 대하며 재미없게 지냈습니다.

이러던 것이 한 번의 현장학습으로 반전되었습니다. 아시다시피 현장학습에서는 주로 몸으로 노는 놀이가 많습니다. 그런데 몸으로 놀기 시작하자 아이들은 잘 웃고 "선생님 이랬어요, 저랬어요" 하며 떠들고 더 하자고 적극 나섰습니다. 놀랐습니다. 놀면서 반성하고 돌아와서 또 반성했답니다. 원인은 아이들이 아니라 제게 있었던 거죠. 높은 학년과 낮은 학년의 차이를 인정하지 않고, 그저 마구잡이로 아이들을 몰아세웠던 겁니다. 그리고 아이들은 나름대로 선생님이 어려우니까 주눅이 들어 있었고요. 우선 선생님이 아이들과 몸으로 부딪쳐 보면 어떨까요.

올해는 이런 일도 있었습니다. 첫날 아이들에게(5학년) 들려주려고 노래, 이야기, 삼행시 들을 준비하고 기대를 갖고 갔습니다. 그런데 덩치 큰 녀석들이 떠들고 서로 주먹으로 치고받아 교실이 웅성웅성하더라고요. 활발할 수도 있다고 이해했지요. 새 학기 첫날에는 운동장에서 교사와 아이들이 인사를 해야 한다고 하기에 모두 운동장으로 나갔습니다. 그런데 유난히 다른 반 아이들과 다르게 앞사람과 장난치고, 다른 반 아이들을 부르기까지 하며, 가만히 있는 아이가 없었습니다. 급기야 싸움까지 벌어졌지 뭐예요. 도대체 이 아이들을 어찌할까 걱정스러웠습니다. 교실에 들어와서는 준비한 음악도, 이야기도 모두 소용이 없을 것 같은 답답한 마음만 들었답니다.

우선 운동장에서 보인 태도에 대해 이야기를 했습니다. 장난으로라도 가만히 있는 사람을 건드려서는 안 된다는 원칙을 강요할 수밖에 없었지요. 그동안에도 마음속에서는 갈등이 일었습니다. 과연 준비한 것을 해야 할지, 말아야 할지. 그래도 용기를 내기로 했습니다.

'하자, 열심히 하자. 아이들에게 통할 거다.'

준비한 음악 〈어릴 적 내 꿈〉을 이야기와 함께 들려주었습니다. 갑자기 여자아이들 눈빛이 호기심으로 빛나는 것이 느껴졌습니다. 이번에는 제 이름을 삼행시로 들려주었습니다. 그랬더니 눈에 띄는 남자아이 둘 빼고는 장난기가 있으면서도 호기심 어린 눈빛으로 바뀌더군요.

그렇게 첫날을 보내고 생각했습니다.

'올해 아이들이 생각보다 부족한 상태일지도 모른다. 그러나 아이들의 가능성을 믿고 함께 행복하게 학급을 꾸려 나가자. 아이들에게 맞추어 더 열심히 해 보면 잘될 것이다.'

선생님의 고민을 들으니 아이들의 분위기보다는 선생님의 마음이 우선이라는 생각이 듭니다. 몸으로도 부딪쳐 보시고, 열의로도, 준비로도 부딪쳐 보세요. 올해 아이들도 지난 아이들처럼 잘 웃고, 말도 잘하고 적극적인 아이들로 변할 겁니다.

조성실 서울 도봉초 교사

1학년 아이들,
너무 조심스럽습니다

15년차 교사인데, 지금까지 높은 학년만 맡다가 처음으로 1학년을 맡게 되었습니다. 높은 학년보다 귀엽고 사랑스럽긴 한데, 당황스러운 일이 한두 가지가 아니네요. 쉬운 줄만 알았던 조용히 시키기도 힘들고, 말 한마디 전하는 것도 너무 어렵습니다. 하나에서 열까지 모두 저를 당황스럽게 합니다. 아이들을 대하는 게 너무 조심스럽습니다. 아이들도 처음 경험하는 학교에 적응하느라 어려움을 겪고 있을 텐데 제가 자칫 잘못하면 부정적인 이미지를 심어 줄 수도 있겠지요. 처음 학교라는 공간을 접한 우리 아이들을 어떻게 대할까요?

교사의 욕구를 내려놓으세요

아이들과 1년을 함께 지내다 보면 일정한 의사소통 방식이 생기는 것 같아요. 척하면 척이란 말도 있잖아요. 높은 학년 아이들은 선생님의 표정만 보고도 어떻게 행동해야 할지를 다 압니다. 눈치가 빠하지요. 그런데 1학년은 그게 안 돼요. 아직 어리기도 하고 학교가 어떤 곳인지도 잘 모릅니다. 집에서 엄마에게 떼쓰던 버릇을 그대로 보이는 아이도 있고, 선생님을 자기가 바라는 대로 조종하려는 아이도 있어요. 물론 새로운 희망과 기대로 부풀어 있는 아이들도 있지요. 그런 아이들과 새로운 관계를 만들어 나가는 게 교사의 몫인 것 같아요.

그럼 1학년 아이들과 어떻게 만나야 할까요? 내 욕구를 내려놓고 그냥 바라만 보면 좋겠어요. 내 생각을 가지고 만나면 언제나 갈등이 생기잖아요. '가만히 있는 짝을 때리다니, 정말 이해할 수가 없어.'

'심하게 야단을 친 것도 아닌데, 저렇게 계속 울다니, 정말 기가 막히는군.' 아이가 교사의 기대에서 벗어난 행동을 할 때, 교사는 화가 나고 힘들다고 생각합니다. 그런데 정말 그 아이 때문일까요? 내 생각 때문은 아닌가요? 내 생각을 내려놓고 그냥 바라볼 때 문제는 사라집니다.

"그림 안 그릴 거예요. 저는 하기 싫어요!"

"그래? 난 네가 친구들처럼 그림을 그렸으면 좋겠다. 화가 났으면 좀 쉬었다가 그려도 괜찮아."

"안 그릴 거란 말예요!!"

아이가 이렇게 계속 떼를 쓸 때, '그렇게 하렴' 하고 인정해 줄 수도 있습니다. 그러면 아이는 오히려 힘이 빠지지 않겠어요? 그래도 수그러들지 않고 한참을 더 소리 지르는 아이도 있어요. 이런 아이는 잠시 두었다가 보듬어 줄 수도 있고, 무엇을 하면 안 되는지 명확하게 알려 줄 수도 있어요. 그렇다고 아이가 교사를 화나게 하려고 일부러 이런 행동을 하는 것은 아닙니다. 아이가 지니고 있는 버릇일 뿐이지요. 판단 없이 그냥 바라본다는 것은 이렇게 교사가 마음의 동요 없이 모든 상황을 만나고 대응해 나가는 것을 말합니다.

예를 들어 한 곤충학자가 거미를 관찰합니다. 곤충학자는 거미를 보면서 거미의 모습이 바뀌기를 기대하지 않습니다. 거미가 다른 곤충을 잡아먹는 걸 봐도 탓하지 않습니다. 거미줄을 더 길게 엮으라고 주문하지도 않습니다. 그냥 관찰할 뿐입니다. 관찰하면서 점점 더 거미에 대해 많은 걸 알게 됩니다. 그래서 곤충학자는 기쁨을 느낍니다. 곤충학자처럼 아이들을 볼 수 있다면 아이들을 좀 더 잘 이해하게 되지 않을까요?

이제 갓 학교에 들어 온 아이들은 얼마나 힘들겠어요. 낯선 공간에 낯선 친구들, 새로운 규칙과 할 일들, 이 모두가 아이들에게는 엄청난 스트레스가 아닐까요? 교사들도 새 학교로 전근만 가도 3월 한 달을 무척 힘들어하잖아요. 아이들도 그렇습니다. 피아제의 발달단계로 봐도 아직은 자기중심성을 벗어나지 못한 때이고, 언제나 내 생각, 내 기분을 앞세우는 시기지요. 몇몇 아이들은 전문가의 도움을 받아야 할 정도로 심한 행동을 보이기도 하지요. 그런 아이는 좀 더 살펴보고 부모님과 의논하는 것이 좋을 듯합니다.

황재숙 서울 상곡초 교사

저도 높은 학년만 맡다가 처음 2학년을 맡았을 때 너무 당황스러웠습니다. 4시간 수업을 마치고 나면 온몸에 힘이 쭉 빠져 지쳐 버렸지요. 높은 학년보다 수업시수가 적은 까닭을 충분히 이해했습니다. 너무나 강도 높은 노동이구나 싶었거든요.

충분히 아이들의 눈높이에 맞춘 쉬운 말로 이야기한다고 하는데도 선생님이 하는 말이 무슨 뜻인지 모르겠다는 듯, 눈만 멀뚱멀뚱 뜨고 바라보는 아이들을 볼 때 어찌나 당황스럽던지요. 지금 생각해도 웃음이 납니다.

그래도 지난해 1학년을 다시 맡았을 때는 조금 여유로웠습니다. 어떤 선생님은 우스갯소리로 1학년을 두고 '반은 사람, 반은 우주인'이라고 말하기도 하더군요. 1학년을 맡아 본 선생님이라면 아마 조금은 공감되는 말일 거예요.

가장 중요한 것은 1학년을 여덟 살 아이들로 바라보기에서 출발하는 게 아닌가 싶습니다. 여덟 살 아이들에 맞게 끊임없이 눈높이를 낮추는 연습도 필요합니다. 아이들에게 말을 할 때도 가능한 한 쉽게 하고, 아이들의 눈동자를 바라보며 제대로 알아들었는지를 파악해야 합니다. 이야기 중간 중간에 '선생님 이야기가 무슨 말인지 알겠어요? 잘 모르면 다시 이야기해 줄게요'라고 물으면서 아이들의 이해도를 살피는 방법도 좋습니다.

3월 첫 주, 아이들에게 '주간학습안내' 같은 인쇄물을 맨 앞사람에게 주면, 자기가 한 장 갖고 뒤로 넘기는 것도 모르는 아이들도 있습니다. 어떤 아이는 학습지에 이름을 쓰라고 했더니 성은 안 쓰고 이름만 써 오기도 합니다. 계속 그러길래, 왜 그럴까 생각해 보니, 선생님이 '이름'을 쓰라고 해서 그렇구나 싶더군요. 그 아이에게 물었더니 역시나 아무렇지도 않다는 듯 '선생님이 이름 쓰라고 했잖아요' 하고 대답합니다. 아이가 미처 경험하지 못했을 지도 모른다는 생각이 들면 자세한 안내와 연습이 필요하다는 사실을 깨달았습니다. 이렇게 말 한마디부터 사소한 행동 하나까지 눈높이를 최대한 낮추어야만 1학년 아이들과 함께 호흡할 수 있습니다.

때때로 1학년에게는 놀이나 노래를 활용하는 것도 필요합니다. 높은 학년과는 달리 너무나 순수해서 몇 가지 재미나는 주의집중 놀이나 손 놀잇감을 준비해서 아이들이 지루해하거나 떠들 때 활용하면 즐겁게 잘 따라하고 좋아합니다. 높은 학년 아이들이 흉내 낼 수 없는 순수함에 오히려 교사가 더 즐거워지기도 합니다. 고래고래 소리 지르며 아이들을 집중시키다가는 십중팔구 한 달도 못되어 목에 이상이 생깁니다.

1학년 아이들의 특징 가운데 하나는 끊임없이 앞으로 나온다는 것입니다. 수업 중에 개별 활동 과제를 주면 열에 여덟은 앞으로 나와 선생님께 묻고 또 묻습니다. 활동 전에 아무리 자세하게 설명해도 소용이 없을 때가 많습니다. 다른 학년이면 충분히 알아서 할 일도 1학년 아이들에게는 통하지 않습니다.

이런 일에 대비해서 어떤 활동이든 시작 전에 꼭 아이들 모두 선생님의 설명을 듣도록 하는 것이 중요합니다. 예를 들어 '선생님과 눈 맞추기 하나 둘 셋!' 하면 모든 아이들이 하던 일을 멈추고 선생님과 눈을 맞춘 뒤에 이야기하기로 약속하는 것도 한 방법입니다. 물론 그렇게 해도 아이들이 끊임없이 앞으로 나와 질문하지만 시간이 흐를수록 줄어듭니다.

공교육에 첫발을 디딘 아이들이기에 학교가 좋은 곳이라는 생각을 심어 주는 것도 1학년을 맡은 교사의 중요한 역할이 아닌가 싶습니다. 1학년 아이들에게 학교라는 공간은 '선생님과 친구들'로 가득 차 있겠지요. 아이들 이야기를 많이 들어 주고, 아이들 하나하나가 어떻게 생활하는지, 친구들 사이에서 어려움은 없는지 늘 관심을 갖고 지켜보는 노력도 필요합니다.

하교지도를 하러 가면 교문 앞 횡단보도를 채 다 건너기도 전에 3월부터 12월까지 변함없이 '배꼽에 손' 자세로 정성을 다하여 '안녕히 계세요' 하고 인사하는 아이가 있습니다. 그 순수함에 하루의 피로가 다 가십니다. 1학년은 참 힘든 학년이지만 아이들의 순수함에 담임교사까지 덩달아 맑아지는 학년이기도 합니다.

'여덟 살 아이의 눈높이'로 시작한다면 한 해를 즐겁게 보낼 수 있으리라 생각합니다. 힘내세요, 선생님.

이현미 경기 안산 와동초 교사

급식지도,
즐거운 점심시간으로
보낼 수 없나요?

오늘도 급식지도를 하면서 너무 속상했습니다. 우리 반 서른여섯 명 가운데 열다섯 명은 음식을 남기지 않고 잘 먹습니다. 편식도 안 하구요. 그런데 다섯 명은 야채를 잘 먹지 않아 날마다 저와 승강이를 벌입니다. 늦게 먹는 아이들과 함께 집에 가려면 오래 기다려야 합니다. 기다리는 사람들은 아랑곳하지 않고 먹기 싫은 음식을 앞에 두고 아이들은 저만 쳐다봅니다. 며칠은 아이들이 남긴 것 중 반만이라도 먹으라 했더니, 어리광만 더 늘었습니다. 수업 시간에는 귀여운 아이들 때문에 기분이 좋았다가, 급식지도를 하면서는 성난 사자로 변해 얼굴이 굳어집니다. 어떤 규칙을 마련해야 할까요? 어떻게 해야 아이들이 급식을 잘 먹을 수 있을까요?

배식 도우미를 할 때 보니 급식시간이면 밥이 코로 넘어가는지 입으로 넘어가는지 모를 정도로 어려운 급식지도에 선생님들이 애쓰고 계신다는 것을 알겠더군요. 아이들 저마다 특색이 있고, 자라면서 굳어진 식습관이 있는데 하루아침에 바꾸기는 힘들 테지요.

제 아들 녀석도 매운 것은 고사하고 김치는 '절대 사절'이며, 야채가 아무리 몸에 좋다고 설명해도 소용이 없었습니다. 여러 방법을 동원해 음식을 맛있어 보이게 만들어 줘도 제가 먹던 게 아니다 싶으면 입에 대지도 않았습니다. 어떨 때는 굶겨 보기도 했는데, 워낙 빼빼 말라 키마저 크지 않으면 어쩌나 늘 노심초사 했지요. 어떻게 하면 음식을 가리지 않고 잘 먹을까, 학교 영양사 선생님과 상의도 해 보고, 두꺼운 요리 책을 보고 흉내도 내 보며, 아이에게 먹이려고 애를 많이 썼습니다. 선생님처럼 기다려도 보고 한 숟갈만 먹어 달라고 애원도 해 보았습니다. 그리고 밥의 중요성, 쌀이 남아도는 암울한 농촌의 현실, WTO니 FTA니 빈곤 국가의 실상이니, 이것저것 아는 만큼 알려 주고 보여 주었지만 아이는 달라지지 않았습니다. 특히 아이가 먹으면 칭찬해 주고 이벤트를 마련하기도 했는데 선생님 반 아이들과 다를 바 없었지요. 학교에서도 소문난 늦장꾸러기여서 담임선생님께 늘 미안했습니다.

제가 하는 일이 급식운동이어서 아이들과 자주 체험 행사를 합니다. 그러던 어느 날, 해남월동배추생산자연합회에서 아이들의 체험 행사를 의뢰해 왔습니다. 아이들에게 무농약으로 생산한 배추를 직접 뽑아 먹게 하고,

김치도 담가 보는 일종의 두레 행사였습니다. 이를 통해 우리 농산물과 전통음식의 맛과 멋, 문화를 알려 주려는 의도였지요. 이동하는 버스에서는 자료집을 만들어 나누어 주고, 상품을 걸어 창의적인 배추 요리를 공모했습니다. 행사는 뜻밖의 성과를 거두었습니다. 그동안 배추에서 벌레가 나온다고 생각하여 만져 보지도 않던 녀석들은 농민들과 함께 배추를 뽑고, 흙을 털어 뿌리도 먹으며 매운 고춧가루로 범벅이 된 겉절이까지 날름날름 먹어 치웠습니다. 아이들은 스스로 만든 배추 요리를 자랑하고 설명하는 가운데 어느새 입은 벌개지고, 눈이 매워 눈물까지 흘렸지만 너무도 행복해했습니다. 그렇게 만든 김치를 지역에 사는 저소득층 노인시설에 갖다 드렸지요. 그때 아이들은 감상문에서 하나같이 엄청나게 매운 김치도, 야채도, 밥도 사신들이 잘 먹어야 하는 이유를 농민들에게서 배웠다고 합니다. 이제 중3이 된 아들은 세상에서 김치찌개가 제일 좋은 반찬이라 어기는, 튼튼한 밥식이가 됐답니다.

선생님, 아이들을 데리고 직접 체험하는 건 어렵지만, 학부모들의 도움을 받아 김치 담그기나 호박전 부치기 같은 활동을 해 보면 어떨까요? 아이들은 직접 만드는 과정에 참여하면서 보람을 느끼고 잘 먹기도 한답니다. 학교 내 급식소위원회 어머니들과 봉사단에게 주5일 수업을 보완하는 차원에서 체험이나 봉사활동을 제안하는 것도 좋습니다. 영양사 선생님과 상의하여 재량활동시간을 활용하여 식품과 건강교육을 해 보는 것도 좋을 듯싶습니다.

이빈파 전 학교급식전국네트워크 공동대표

자연이 인간을 사랑하여 무작정 내려 주시는 것 가운데 물과 먹을거리는 그야말로 우리들이 살아가는 데 꼭 필요한 기둥뿌리라고 할 만큼 소중합니다. 식습관 역시 그렇지요. 그런데 가정에서는 아이들이 어릴 때부터 입맛에 맞는 것만 골라 먹는데도 그냥 방치하는 경우가 많습니다. 살펴보면, 우리네 부모님들의 식습관 자체가 그러합니다. 아이들의 불행이 바로 우리 식탁에서 비롯된 것은 아이러니입니다. 튼튼한 몸은 물론, 서로를 이해하는 서글서글한 성격을 만드는 데 기여할 수 있는 것이 바로 식습관 지도입니다.

절에서는 아이들에게 식습관을 가르칠 때 김치 한가닥으로 자신이 먹은 그릇들을 깨끗이 씻어 마시게 합니다. 저는 이 모습을 접하고 무릎을 쳤습니다.

'그래, 바로 저것이다.'

저는 여기서 생각을 얻어 '밥 모시기'를 시작했고, 6~7년 전부터 체계를 바로 잡아 나갔습니다. 제가 교실에서 하고 있는 '밥 모시기'란 아이들 마음에 밥에 대한 고마움을 심어 주는 것으로, 밥에 대한 소중함을 아이들이 하나씩 발견하여 말하게 하는 것입니다.

"나는 오늘 '열려라참깨' 님과 함께 밥 모시기를 했다. '열려라참깨' 님과 나의 어려운 고비는 바로 고추 먹기였다. 그래서 '열려라참깨' 님과 나는 맛있는 탕수육과 함께 고추를 먹어 매운 맛을 참아 냈다. '열려라참깨' 님과 함께 밥 모시기를 해서 좋았다. ―소나무"

말을 못하는 동물이라도 억지로 물을 먹일 수는 없습니다. 하물며 자유 의지가 분명하고 언어로 자기 의사를 표시하는 사람에게 음식을 억지로 먹인다는 것은 교육상 더욱 말이 되지 않습니다. 그렇다고 교사의 처지에서 이를 내버려 둘 수는 없지요. 저는 '소나무'(우리반에서는 자기가 별명을 직접 짓고, 그 별명을 부릅니다)가 말했듯이 '밥 모시기'를 통해 아이들의 식습관을 하나하나 바꿔 나갔습니다. 소나무는 고추를 못 먹는 아이였지만, 친구의 도움으로 고추 먹기에 도전했고, 그 고비를 스스로 넘겼습니다.

밥 모시기를 하기 위해서는 우선 밥을 먹을 때 아이들끼리 함께 대화를 나누면서 서로에게 평소 먹기 힘들었던 음식을 먹을 수 있도록 용기와 힘을 주어야 합니다. 여기에 평소 아이들끼리 다정하게 도우며 살아가는 분위기를 만들어 주고, '님' 자 붙이기를 통해 김치님, 국님, 밥님이라 부르며 감사하는 태도를 갖게 하면 더욱 효과적입니다.

그리고 밥을 억지로 다 먹이면 부작용이 생기기 때문에 아이들 스스로 선택하게 하되, 밥 모시기에 충분히 다가갈 수 있도록 영성을 높여 줘야 합니다. 또 저는 밥 모시기 시간을 우리 아이들이랑 한 명씩 번갈아 대화하면서 궁금증을 풀어 주는 시간으로 씁니다. 이렇게 하면 아이들은 저와의 시간을 손꼽아 기다리면서 스스로 밥 모시기 연습을 하니, 결국 밥 모시기는 성공의 길로 갈 수밖에 없습니다.

무엇보다 중요한 것은 교사가 밥을 대하는 태도입니다. 저는 제가 먼저 밥님께 감사하는 기도를 드리고 밥을 위해 애쓰신 분들께도 고마움을 표합니다. 아이들은 점점 제 모습을 보며 따라 옵니다. 물론 모든 선생님들이 아이들에게 '님' 자 붙이기나 '밥 모시기'를 하라는 말이 아닙니다. 여기에 담겨 있는 밥을 대하는 태도, 아이들의 식습관을 스스로 고칠 수 있게 돕는 태도를 살펴보시기 바랍니다. 김치를 먹지 않고 자란 아이들이 하루아침에 김치를 먹기는 어렵습니다. 밥 모시기가 말처럼 순조롭게 진행되지도 않습니다. 하지만 기다리고 또 기다리면서 아이들 스스로 기분 좋게 자기 식습관을 고쳐 나가는 기회를 주세요. 우리 아이들은 김치 한 가닥에서 시작하여 자기 입맛에 맞지 않는 음식일지라도 맛있게 먹어 보려는 위대한 진보를 이루어 나간답니다. 여기에서 아이들은 매사에 자신감을 얻고 스스로 한쪽으로 각을 세운 성격까지 고쳐 나가게 되니 이것은 일석삼조를 넘어서는 인간 승리의 쾌거가 아니겠습니까. 아이들이랑 이렇게 밥 모시기를 하다 보면 선생님 성격도 바람직하게 바뀌며 선생님 식습관 역시 좋아진답니다.

이강산 전북 부안동초 교사

어떻게 해야
아이들이 장애 있는 친구와
함께 할 수 있을까요

우리 반에는 지체장애 아이가 한 명 있습니다. 여자아이인데 한 쪽 팔과 다리가 불편해 이동도 느리고 활동도 느립니다. 가끔 교과실을 간다거나 체육 수업을 하러 운동장에 나갈 때, 다른 아이들에 비해 서너 배의 시간이 걸립니다. 몇몇 여자아이들에게 잘 보살펴 달라는 강요 섞인 부탁을 했습니다. 처음에는 아이들이 잘 챙겨 주었습니다. 그런데 시간이 흐를수록 그 아이를 도와주어야겠다는 생각을 못하는 것 같습니다. 제가 부탁할 때를 제외하곤 혼자 두는 시간이 점점 늘어납니다. 한두 명의 아이들에게 괜히 부담을 주는 것 같기도 하고, 아이들이 자발적으로 그 아이와 잘 지냈으면 좋겠는데 어떻게 해야 할지 잘 모르겠습니다.

정신지체가 있는 아이를 반에 맞이하기 위해서는 학기 초에 담임의 구조화된 사전 준비가 꼭 필요합니다. 전체적으로 담임, 비장애 아이, 장애가 있는 아이, 학부모의 준비가 선행되어야 하고, 특수교사와 일반교사의 긴밀한 협력 체제가 필요합니다.

학기 초 담임교사의 준비는 장애가 있는 아이에 대한 수용적이고 긍정적인 태도를 갖음으로써 아이들이 장애가 있는 아이를 대할 때 수용적인 태도를 갖게 합니다. 장애가 있는 아이를 비롯하여 모든 아이들이 서로 지원하고 친구 관계를 맺을 수 있도록 하려면, 교사 스스로 장애가 있는 아이를 사회적으로 받아들이기 위한 바람직한 역할 모델이 되어야 합니다.

다음은 비장애 아이들의 준비가 필요합니다. 아이들은 장애가 있는 아이에 대한 잘못된 정보로 인하여 편견을 갖기 쉬운데, 자칫 부정적이고 차별적인 태도로 이어지기도 합니다. 이를 막기 위해 담임교사는 아이들에게 정신지체의 특성을 정확하게 알려 주어서, 동정심이 아닌 수평적 관계에서 관심을 갖고 이해하면서 자연스럽게 배려를 배울 수 있도록 해 주어야 합니다.

장애가 있는 아이는 학급의 또래 도우미, 또래 교수 협력 체계를 통해서 사회적 기술 모델링을 제공받고, 반복 연습을 통해 사회성을 키워 나갑니다. 이때 주의할 점은 한 아이가 장기적으로 정신지체 아이를 보살펴 주게 되면, 희생한다는 느낌을 주어 쉽게 지치거나 장애가 있는 아이를 도우려는 마음이 줄어들게 됩니다. 이를 막기 위해서는 또래 도우미 활동을 상세하게 구분(수업 도우미, 화장실 도우미, 사랑반 이동 도우미, 급식 도우미, 체육시간 도우미 등)하여 많은 아이들이 자율적으로 장애가 있는 아이와 함께 할 수 있게 합니다. 한 달이라는 특정한 기간 동안 함께 할 수 있다는 것에 대한 자부심과 긍지를 느끼도록 능동적이고 자발적인 참여의 기회를 만들어 주는 것이 좋으며, 한 달에 한 번 정도는 또래 도우미를 바꾸어 주는 것이 좋습니다.

다음은 부모의 준비가 필요합니다. 학기 초에 장애가 있는 아이의 부모는 자녀가 적절한 교육을 받는지, 또래 친구들에게 거부당하지는 않는지에 대해 염려하고, 비장애 아이의 부모는 장애가 있는 아이의 통합으로 인하여 자녀가 부정적인 행동을 배우거나 수업 시간에 교사의 관심과 교수를 덜 받게 되지는 않는지 걱정합니다. 이를 해결하기 위해, 학기 초에 학부모 총회나 수업 공개의 날을 마련하여 통합교육과 그 이점에 대해 자세히 설명하여 학부모들이 바람직한 인식을 갖도록 도와야 합니다.

특수교사와 일반 교사 간의 긴밀한 협력도 필요합니다. 일관성 있는 행동 수정과 교육 방법이 아이의 행동을 더 바람직하게 변화시킬 수 있기 때문입니다.

통합교육에서 가장 중요한 것은 장애를 바라보는 시각입니다. 장애가 있는 아이를 볼 때 '할 수 있는 것'이 무엇인지, 그에 따라 '필요한 것이 무엇인지' 살필 수 있도록 아이들에게 가르치는 것이 중요합니다. 아이들이 장애가 있는 아이를 '도움을 주어야 하는 대상'으로만 여기면, 희생해야 한다는 생각에 관계를 맺지 않으려는 오류를 범하게 됩니다. 장애가 있는 아이와 수평적인 관계에서 '함께 하는 대상'이라는 인식을 심어 주려면 통합반에 어떤 바람직한 변화가 일어나고 있는지 수시로 피드백하여 아이들도 장애가 있는 아이와 상호작용하면서 도움을 받고 있다는 성취감을 주는 것이 중요합니다.

또 지나친 동정심과 염려로 장애가 있는 아이가 할 수 있는 일을 다른 아이들이 모두 해 주거나 지나친 배려로 사회적 기술을 익힐 기회를 박탈해서는 안 됩니다. 장애가 있는 아이가 할 수 있는 것에 대해서는 기다려 주는 여유와 인내하는 자세가 필요합니다.

이 밖에도 학급 게시판에 정신지체가 있는 아이의 작품을 게시하거나 수업 시간 이외의 학예회, 소풍, 예절교육 등에 함께 참여하여 아주 작은 곳에서도 장애가 있는 아이에 대한 존중과 배려를 익히고, 장애가 있는 아이 또한 더불어 살아야 할 존재임을 자연스럽게 배우도록 하는 것이 중요합니다.

김영희 경기 시흥 송운초 교사

구체적인 도움은 드리지 못하지만, 문제 해결을 위한 일반적이고 기본적인 사항에 대해서 언급하고자 합니다.

첫째, 정확한 진단검사를 통해 아이의 현재 상태를 바로 알아야 합니다. 아이를 둘러싼 주변 사람들에게 충분한 정보를 얻고, 의료진단 자료나 심리진단 자료를 요청하여야 합니다. 이러한 자료가 불충분할 경우 가까운 지역 장애인 복지관이나 병원을 이용하여 정확한 진단을 받도록 요청하셔야 합니다. 선생님께서 관찰하신 아이의 현재 상태가 전부는 아니며, 아이에 대한 정확한 이해 없이 가르친다는 것은 목표 없는 길을 가는 것과 같기 때문입니다. 아이의 지능은 어느 정도인지, 심리 상태는 어떠한지, 어떤 활동에 더 흥미와 능력을 나타낼 수 있는지를 객관적으로 알고 나면, 집중적으로 지도해야 할 부분과 양보하고 타협해야 할 부분을 조금 더 선명하게 가릴 수 있습니다.

둘째, 이 아이로 인해 1년 동안 학급 구성원 모두가 봉사와 희생을 감당해야 한다는 생각보다는, 장애가 있는 친구의 존재를 통해 우리 반 아이들 모두가 의미 있는 시간을 보내고 정신적으로 도약할 수 있는 방법을 찾도록 노력해야 합니다. 장애를 바르게 이해하고 가치관을 정립하기 위한 여러 프로그램을 찾아 교실에서 활용하면 좋습니다. 장애인 관련 텔레비전 프로그램이나 영화, 도서를 이용할 수도 있고, 인터넷의 특수교육 관련 웹사이트를 검색하면 다양한 '장애 이해 프로그램'을 찾을 수 있습니다. 이런 자료나 프로그램을 통해 '장애인은 불쌍하고 타인의 도움을 받기만 하는 존재' 라는 인식에서 벗어나 '나와 똑같이 슬픔과 기쁨의 감정, 욕구를 지니고 있는 인간' 임을 인식하게 해야 합니다. 더불어 장애의 원인과 현상, 장애가 있는 친구와 함께 지내기 위한 태도와 방법 들도 이해시키고, 아이들 스스로 고민해서 방법을 찾아낼 기회를 마련해 줘야 합니다.

셋째, 해당 아이의 불편한 팔과 다리를 대신해 줄 수 있도록 환경을 바꿔야 합니다. 이동이 편한 1층 교실로 배치한다거나 경사로, 엘리베이터 등 장애 관련 시설을 설치할 수 있도록 교장 선생님과 협의해 보시기 바랍니다. 또 아이의 학교생활을 지원해 줄 수 있는 협력 체계를 구축하는 것도 중요합니다. 지역 복지관이나 자치단체, 교육청, 자원봉사 단체에 의뢰하면 도움받을 기회가 생길 겁니다. 현재 서울시 교육청들은 장애가 있는 아이의 학교생활을 지원하기 위한 '특수교육 보조원 제도' 를 시범 운영하고 있으며, 더욱 확대할 예정입니다. 더불어 아이를 둘러싼 사람들과 긴밀한 협조 체계를 구성하여, 언제든 도움을 주고받을 수 있는 체계를 만들어야 합니다. 장애가 있는 아이의 문제는 어느 한 사람만의 문제가 아니며, 한 사람이 해결할 수 있는 문제도 아니기 때문에 힘을 모으고 함께 협력해야 합니다.

김희남 서울 삼전초 특수교사

왜 학교에서 실내 정숙을 가르쳐야 하나요?

생활지도 딜레마에 빠진 3년차 여교사입니다.

쉬는 시간만큼은 아이들이 실컷 놀 수 있게 하고 싶은 마음에, 복도에서 뛰어다녀도(심지어는 종종 레슬링을 하기도 하고요) 별로 다그치지 않습니다. 요즘 아이들이 학교에, 학원에, 학습지에 얽매여 얼마나 힘들게 지내는지 잘 알고 있으니까요. 그런데 이런 제 생활지도가 관리자뿐 아니라 동료 교사들에게까지 문제시되고 있습니다. 그분들은 아이들을 놀리고 싶으면 운동장에서 하라고 말씀하십니다. 저도 아이들을 넓은 운동장에서 맘껏 놀게 하고 싶지만 10분이라는 쉬는 시간으로는 턱없이 부족합니다.

우리는 여태껏 실내에서는 정숙해야 한다는 가치를 교육받아 왔습니다. 과연 이 가치가 지금과 같이 아이들이 힘들게 지내는 현실에서도 강조해야 하는 것인지 모르겠습니다. 이제 다시 새 학기가 시작되어 다른 반에서는 실내 정숙을 가르치고 훈련시키고 있습니다. 저는 어떻게 해야 할지 모르겠습니다. 아이들이 공간에 구애 받지 않고 신나게 뛰놀 수 있었으면 좋겠는데 말이지요.

5~6학년 아이들의 걷는 모습이나 얼굴만 봐도 그 넘치는 에너지를 어찌하랴 싶을 때가 있습니다. 얼굴에는 여드름이 빼곡하고 걸음새는 뛰지 못해 안달이 난 것처럼 겅중겅중 걷습니다. 게다가 학교 복도라는 곳이 얼마나 뛰고 싶게 만듭니까? 쭉 뻗어 있는 복도를 참을성 있게 걷는 아이들도 보는 사람이 없다면 누구보다 신나게 뛸 것입니다.

그렇다고 마음대로 뛰고 장난치고 소란스러워도 될까요? 몸의 에너지를 교실이나 좁은 복도에서 풀 것인지는 생각해 봐야 합니다. 복도를 다니는 다른 사람들을 생각해야 하니까요. 또 좁은 복도에서 몸의 에너지가 제대로 발산될지도 의문스럽고요.

저는 학기 초에 아이들과 규칙을 정하면서, 왜 교실에서나 복도에서는 달리거나 공을 차거나 장난을 치면 안 되는지에 대해 충분히 이야기하곤 합니다. 다른 사람에 대한 배려, 좁은 공간을 여럿이 나눠 씀으로써 마음 써야 하는 것은 기본적인 의무사항이라고 이야기하죠. 배움이란 사람과 사람, 사람과 시간, 사람과 공간 사이의 상호작용의 결과라고 생각하거든요. 아이들은 저마다 다른 사람들과 어떻게 관계 맺을 것인지, 서로 다른 공간과 상황에서 어떻게 관계 맺을지를 판단해야 합니다.

쉬는 시간에 복도에서나 교실에서 심하게 장난치지 않는다는 규칙을 정할 때, 가능한 아이들 입장을 이해하고 설득하면서 합의된 규칙을 정합니다. 1~2교시나 3~4교시 사이의 쉬는 시간을 5분으로 단축하여 다음 시간을 준비하는 정도로만 사용하고, 2~3교시 사이의 쉬는 시간을 20

분으로 조정하는 방법도 좋습니다. 청소를 비롯하여 아이들이 해야 하는 활동을 교사가 도와서 가능한 20분 정도의 쉬는 시간을 확보하고 그 시간에는 한 명도 빠짐없이 밖으로 나가 놀거나 산책이라도 하고 오게 권합니다. 점심시간에도 마찬가지입니다.

물론 계단을 오르내릴 때 다른 반과 시간 흐름이 다르기 때문에 조용히 해야 합니다. 그리고 체육 시간은 가능한 모두 바깥에서 진행할 것을 약속해 아이들의 몸 스트레스를 풀어 주고자 합니다.

지난해 같은 학년 선생님들 가운데 연세가 많은 한 선생님은 아침마다 아이들을 가볍게라도 뛰게 했습니다. 그 반 아이들의 동적인 에너지가 다른 반보다 훨씬 강하다는 것을 느끼면서, 이런 저런 아침 자습보다 아이들의 몸 에너지를 풀어 주는 것이 필요하다고 생각하셨답니다. 여자아이 몇몇은 죽기보다 뛰기를 싫어하는 사춘기였지만, 그 시기에 몸을 움직여야 바른 체형도 갖게 되고 몸이 깨야 공부도 잘 된다고 설득하며 1년 동안 함께 달리셨습니다. 선생님 반 아이들의 동적 에너지가 많다면 한 번쯤 해 볼만하지 않을까요?

공부 시간에도 아이들을 가만히 앉아 있게 하는 활동보다는, 손을 움직이고 몸으로 표현하고 직접 조작하는 활동들을 마련하여 아이들을 쉼 없이 움직이도록 하는 것도 좋습니다. 파편화된 지식을 일방적으로 집어넣는 학습지나 학원에 지친 아이들에게 몸과 마음과 사고력이 함께 성장하는 좋은 기회가 되지 않을까 합니다.

박지희 서울 창도초 교사

25년 전, 제가 처음으로 교직에 발을 디딘 지 3년 되었을 때 일입니다. 한 반에 70명도 넘을 때이니, 아이들의 실내 생활지도를 무엇보다 강조하던 시기였지요. 마침 방과 후였고, 운동장에 나가기에는 교실이 후관 4층 후미진 곳이라 너무 멀기도 하고, 아이들과 놀고 싶은 마음이 앞서 청소를 마친 남학생들과 복도에서 신나게 축구를 했습니다. 지나가는 선생님들이 어이없는 표정으로 무어라고 한마디씩 하고 지나갔지만 저는 아랑곳하지 않고 아이들과 재미있게 축구를 했답니다.

그러다가 교내 순시를 하는 교장 선생님께 딱 걸려 모두 교무실로 끌려갔습니다. 아이들은 복도에서, 저는 교장실에서 엄청나게 야단을 맞았습니다. 사실 야단을 맞으면서도 저는 속으로 '아이들과 함께 노는 것이 무슨 잘못이냐'는 생각을 했답니다. 그런 제 속마음을 읽으셨는지 교장 선생님께서 '선생님한테 아이들이 무얼 배우겠어요?'라는 한말씀만 하시곤 아이들과 함께 벌 받을 수는 없으니 교장실에 꿇어 앉아 반성하라고 하셨습니다. 그때 제 가슴속엔 이런 통제된 학교의 모습이 너무도 싫고 자신들의 편의만을 생각하고 아이들은 조금도 생각하지 않는 교사들이 싫어 속을 부글부글 끓였지요.

25년이 지난 지금, 저는 우리 학교에서 아이들이 두려워하는 '호랑이 선생'입니다. 제가 복도에 나서면, 서로 붙들고서 장난을 치거나 고함을 지르며 뛰던 아이들도 순식간에 교실로 사라지거나 조용해집니다. 저는 지나치다 복도에서 장난을 치거나 뛰어다니는 아이들을 보면 한 번도 그냥 지나치는 법 없이 꼭 불러서 잘못된 행동이라고 일러 줍니다. 그러니 아이들은 덩치도 크고 인상도 험악한 저를 응당 '호랑이 선생'이라고 부르며 무서워하겠죠. 하지만 아이들이 저를 무서워해도 저는 그런 아이들을 사랑합니다. 저 아이들이 자라서 학교를 떠나도 서로를 배려하고 더불어 살아가는 법을 깨닫고, 더 좋은 사회를 만들 것임을 알기 때문입니다.

제가 30년 가까이 교직생활을 하면서 가장 싫어하는 말이 '통제'라는 단어입니다. 통제는 언제나 인간의 존엄성을 무시하고 기득권의 편의를 위한 수단이 되어 왔기 때문입니다. 살면서 우리 사회가 얼마나 강압적인 통제로 국민의 삶을 피폐하게 만들었는지 절실히 느꼈기 때문입니다. 그래서 저는 아이들에게 '자율'이라는 단어를 가장 강조합니다. 자율은 함께하는 삶에서 가장 값진 행동 가치이고, 동시에 자신이 주인임을 알게 하니까요.

저는 교육의 최고 목표를 더불어 살아가는 삶의 길을 배우며 자신의 가치를 소중하게 여기는 것을 알게 하는 것으로 생각하고 있습니다. 억압적인 통제가 아니라 스스로 남을 배려하고 남의 가치도 소중히 여기며 살아가야 하는 것임을 깨닫게 하는 것이죠. 이런 목표를 갖기까지 수많은 시행착오와 아픔을 겪었습니다. 선생님처럼 아이들에게 자유로움과 즐거움을 주기 위해 공간의 제약을 두지 않고 자유롭게 행동하도록 두었다가, 교실과 복도에서 예기치 않은 사고로 아이들이 다치는 것을 보았습니다. 이것이 '자유'가 아닌 '방임'이라는 것을 깨닫는 데는 아이들의 상처가 많이 뒤따랐지요.

학교 건물의 좁은 공간에서 서로 붙들고 장난을 치고 뛰다 보면 부딪혀 이가 부러지고, 살갗이 찢어지고, 뼈가 부러지는 등 갖가지 사고를 당할 수 있습니다. 아이들이 이렇게 다칠 때면 교사는 거의 절망과 회의에 빠집니다. 열심히 아이들을 가르치고 사랑했는데 한순간의 사고로 엄청난 상실감을 갖게 됩니다.

저는 아이들이 교실생활을 힘들어할 때면 운동장으로 나가 함께 놀기도 하고 수업도 합니다. 오히려 제가 아이들보다 실내생활을 더 답답해하는 탓도 있지만, 아이들에게는 실내에서 뛰고 장난치거나 고함지르지 않는 것이 남을 배려하며 더불어 사는 것임을 깨닫게 돕는 것이지요. 아이들에게 그것을 알려 주는 일은 교사의 중요한 일입니다. 아이들에게 교실이나 복도에서 뛰고 장난치지 않으며, 화장실이나 수돗가에서 차례를 지키고, 고함치거나 남을 밀치는 행동을 하지 않도록 하는 것이 통제가 아니라 더불어 살아가기 위해 필요한 가장 기본적인 행동을 가르치는 것임을, 조심스럽게 말씀드려 봅니다.

김민곤 서울 신묵초 교사

새 학기,
학부모 만나는 게
두렵습니다

3년차 교사입니다. 제가 아직 어리고 경력이 짧기 때문인지, 학기 초가 되면 늘 학부모와의 관계가 고민스럽습니다. 가끔 학교로 찾아오는 학부모들과 면담을 하는 것이 너무 부담스럽습니다. 무슨 말로 이야기를 꺼내야 할지, 아이에 대해 어디까지 말해야 할지, 나이든 학부모에게 어린 제가 조언을 하는 게 건방져 보이지는 않을지……. 가끔 슬그머니 반말을 하는 학부모라도 만나면 저를 무시하는 것 같아 더 주눅이 듭니다. 학부모와의 소통은 꼭 필요하다고 생각하지만 특별한 이유가 아니면 피하고 싶은 게 솔직한 심정입니다. 어떻게 해야 할까요?

예전에는 저도 학부모가 어렵고 불편하던 때가 있었습니다. 예의를 갖춰 대하긴 했지만 마음이 편치는 않았지요. 자연히 마음속 이야기는 남겨 두고 겉도는 이야기만 하다가 끝낸 적도 많았답니다.

"요즘 우리 아이 어때요?"

"잘해요."

"부족한 점은 없나요?"

"다 잘하는 걸요. 걱정 마세요."

이렇게 알맹이 없이 애매한 말만 주고받았습니다.

'지혜는 그림을 보면 깔끔하고 무난하지만 활기가 없어 보여요. 틀에 박힌 그림을 그린다는 생각이 드는데 어머니는 어떻게 생각하세요?'

이런 말은 입 안에서만 맴돌다가 사라졌고, 결국 부모와 힘을 합쳐서 아이를 도울 기회를 놓치고 말았답니다. 요즘은 그냥 별 부담 없이 학부모를 만납니다. 친구나 가까운 이웃을 대하듯이 이야기를 나누죠. 화제가 주로 아이에게 모아지지만 가끔은 세상 사는 이야기도 나눕니다.

"지혜는 여러 가지 일을 고루 잘해요. 스스로 노력하는 점이 크게 칭찬할 만하죠. 그런데 결과에 너무 연연하는 것 같아요. 뜻대로 안 되었을 때 상처도 크게 받고요. 어머니께서 보시기엔 어떤가요?"

몇 가지 실례를 들어 말씀드리면 부모님들도 쉽게 공감하시더라고요. 부모가 아이의 문제를 정확히 알고 나서서 도와줄 때 아이는 생각보다 쉽게 변합니다. 가끔은 냉담한 부모님의 반응에 마음이 상할 때도 있지만,

그 자체가 아이의 태도를 이해할 수 있는 실마리가 된다고 봅니다.

학부모와의 대화에서 중요한 것은 믿음입니다.

"우리 선생님은 좋은 분이야. 아이들을 고루 사랑하시지."

믿음을 얻으면 많은 문제가 수월하게 풀립니다. 반대로 이 믿음이 깨질 때 학부모는 교사에게서 멀어집니다. 제 경우에는 촌지를 받지 않는 게 신뢰의 바탕이 되었어요. 학급을 위해서 애써 주신 분들께 드리는 책 선물도 호응이 좋았고요. 아이들이 집에 가서 전하는 말들도 영향을 미치겠지요. 아이에 대해 단정을 내리는 것보다는 질문을 해서 부모님의 의견을 들어 보는 것도 중요합니다.

"영수는 수업 중에 태도가 산만합니다."

이렇게 단정 짓는 말은 상대방을 불쾌하게 만들고 학부모가 자신을 방어하게 만들기 쉽습니다.

"제가 보기에는 이런 점이 있는데 어머니께서 보시기엔 어떠신가요?"

"학교에서는 이런 행동을 할 때가 있는데 집에서는 어떻죠?"

이런 말들은, 학부모가 아이에 대해 깊이 생각해 보게 합니다.

사실 알고 보면 학부모들도 교사를 무척 어려워합니다. 어쩌면 교사들보다도 더 어려워하지 않을까요? 교사가 편하게 대하면 학부모도 편하게 다가옵니다. 교사가 불편해하면 부모들도 어려워하고 불편해합니다.

자, 그럼 이제 선생님이 먼저 편하게 말을 건네 보세요.

황재숙 서울 상곡초 교사

학부모와의 만남을 부담스러워하지 않는 선생님은 별로 없을 겁니다. 이유는 많지만 아무래도 아이에 대해 들으러 온 학부모에게 뭔가를 이야기해 줘야 하는 선생님의 위치 때문일 겁니다. 그렇다면 줄 것이 많은 선생님은 아마도 그 부담이 덜할 것이라는 추측이 가능하지요. 아이에 대해 이야기할 거리가 많다면 학부모와의 대화가 그렇게 힘들게 느껴지지 않을 겁니다. 학부모와 마주 앉아서 할 이야기가 없어 어색하게 5분, 10분 지나다 보면 시간이 정말 너무 길게 느껴지지요. 그만큼 선생님이 아이에 대한 관찰을 자세하게 하지 않았다는 말도 됩니다. 물론 아이에 대해 잘 안다고 생각해도, 막상 부모님을 만나면 사실대로 말해야 할지 고민하다 결국 아이의 단점에 대해서는 말하지 못하고 그냥 "잘해요"라는 뭉뚱그린 대답으로 끝내는 경우도 많습니다.

저는 교사라면 학부모 상담을 위해 다음과 같은 준비가 되어 있어야 한다고 봅니다.

먼저 아이에 대한 관찰을 기록해 놓는 습관입니다. 이는 학부모 상담에서 좋은 자료가 됩니다. 그냥 눈으로 관찰해서 머릿속에 담아 둔 자료가 아니라 문서로 만든 자료가 좋습니다. 교과별로든 생활 부분이든 뭔가 아이를 관찰한 기록이 필요합니다. 그것이 바로 수행평가가 되고 생활평가가 되지요. 평가라는 말이 좀 딱딱하지만 아이의 모든 모습이 담겨 있는 자료가 필요하다는 뜻입니다.

그 자료를 바탕으로 학부모와 이야기를 나눈다면 좋은 대화가 오갈 겁니다. 학부모 입장에서도 가운데에 책상 하나를 두고 선생님 입에서 나오는 애기만 듣는 것은 아무래도 믿음이 덜 가겠지요. 자료를 보여 주면서 대화를 나누면 부모님도 아주 기뻐할 겁니다.

그 다음으로는 주제를 다양하게 가지세요. 상담의 기본은 '들어 주기' 라고 했습니다. 학부모는 선생님한테 무엇인가를 듣고 싶어서 왔지만 몇 가지 물음을 던지면 오히려 선생님보다 더 많은 이야기를 합니다. 그리고 이야기의 주제를 아이로 한정시켜 놓으면 대화가 오히려 부담스럽습니다. 세상 돌아가는 이야기부터 선생님의 생활 이야기, 아이의 가정 이야기가 자연스럽게 나올 수 있도록 이야기를 풀어나가는 것도 좋은 방법입니다.

상담 시간을 미리 약속하는 것도 좋습니다. 교사가 학교 업무로 바쁠 때 학부모가 상담을 하러 오면, 마음의 준비가 되어 있지 않은 데다 바쁜 나머지 '후딱' 끝내어 부모님을 보내고 싶어집니다. 또 바쁘지는 않더라도 전혀 준비되지 않은 상태에서 부모님이 상담을 하러 오면 누구나 당황하게 되지요. 따라서 학기 초에 상담을 원하면 반드시 상담 날짜를 약속한 뒤 오시도록 당부해 두는 것이 좋습니다. 그러면 아이에 대해 무슨 내용을 말할 것인지 미리 준비할 수 있게 되지요. 그때 이제까지 관찰한 자료를 보여 주면서 상담을 한다면 얼마나 좋은 시간이 되겠습니까?

교사가 자신감을 갖는 것은 무엇보다 중요한 일입니다. 학부모와 상담할 때 교사의 자신감은 '내가 아이를 얼마나 잘 알고 있는데…….' '나는 교사고 당신은 어차피 학부모야' 하는 마음이 아닙니다. 교사의 자신감이란 '확실한 교육관에 의한 세심한 아이 관찰'에서 나옵니다. 나이의 많고 적음은 '교육'을 이야기하는 데 그리 중요하지 않습니다. 학부모가 어린 교사를 쉽게 대하는 것 같을 때, 선생님의 분명한 교육관과 아이 관찰력이 필요합니다.

다만 그렇게 자신감을 갖고 확실하게 이야기하려면 평소에 학부모들이 '우리 선생님은 정말 확실한 생각을 갖고 열심히 아이들을 가르친다' '아이들을 평등하게 대한다' '촌지를 받지 않는다' 등의 믿음을 갖도록 해야 합니다. 담임선생님에 대한 믿음이 있으면 선생님의 말이 힘있게 학부모에게 다가갈 수 있습니다.

신명기 서울 영훈초 교사

제 맘 몰라주는
학부모 때문에
속상해요

반 여학생 가운데 예쁘고 착한 아이가 있습니다. 그런데 최근 들어 중학생 언니들이나 불량스러워 보이는 친구들과 어울리곤 합니다. 걱정스러운 마음에 아이를 타일러 보기도 하고 혼내 보기도 했으나, 통 말을 듣지 않기에 아이 어머니를 몇 차례 학교에 모셨습니다. 어머니와 함께 아이를 걱정하는 이야기를 나누었지만, 어머니께서는 처음엔 "어떻게 하겠어요, 방법이 없잖아요"라며 소극적으로 나오시다가, 급기야 담임인 제가 좀 유별나다는 식으로 말씀하십니다. 아이를 걱정하는 마음이 학부모에게 이렇게 전달되는 게 속도 상하고 섭섭했습니다. 주위 상황을 고려할 때, 아이를 지금 바로 잡아주지 않으면 졸업 후 어떻게 될지 뻔히 보이는데, 학부모의 시큰둥한 모습을 보니 어떻게 해야 할지 갑갑합니다.

제자를 걱정하여 진심 어린 선의를 보였는데, 그것을 있는 그대로 받아들이지 않고 진지하게 풀어가기는커녕 자녀에게 소홀한 듯한 어머니를 보면 힘이 빠지지요.

학부모와 신뢰를 쌓고 한 팀이 되어 아이 교육을 위해 협력해야 한다는 평범하지만 분명한 원칙이 있습니다. 하지만 말처럼 쉽지 않은 게 현실입니다. 그 연유를 생각해 보면, 학교교육에 대한 불신이나 교사에게 갖는 낮은 신뢰를 꼽을 수 있습니다. 게다가 교사들이 학부모와 관계 맺는 데 소극적이거나, 방어적인 태도를 보이는 것도 이유로 볼 수 있지요. 이번 경우처럼 꼭 필요해서 학부모와 만나 의논할 때, 선입관 때문에 일이 잘 안 풀려, 하지 않은 것만 못할 때 씁쓸하게 주저앉기도 합니다. 더구나 선한 의도까지 왜곡되어 받아들여지면 힘이 쫙 빠져서 의욕을 잃기도 합니다.

학부모와 교사 사이에 놓인 불신과 편견 속에서도 길을 트고 함께 보람을 만들어 가는 방법이 있습니다. 첫째, 먼저 학부모와 지속적인 만남과 소통이 있을 때 가능합니다. 통신문, 홈페이지, 전자메일, 학급 학부모회 모임을 통해 지속적인 소통과 교류로 신뢰를 쌓는 것이죠. 둘째, 평소에 아이들에 관한 기록, 자료와 판단을 개인별로 정리하여, 학부모들과의 대화에서 자신 있게 활용하는 것도 중요합니다. 교사가 학생들의 생활과 학업에 유용한 전문적인 판단을 할 수 있음을 보여 드린다면, 학부모와 신뢰를 바탕으로 한 관계를 만들어 갈 수 있겠죠. 셋째, 학부모들의 다양한 가치관과 관점 그리고 양육 태도에 관해 우선 잘 듣고 이해하려는 노력이 필요합니다. 미리 판단하거나 성급하게 앞서가면, 학부모는 자칫 양육을 잘못한 책임을 추궁받는다고 느낄 수 있으며, 특히 학부모 자신이 스트레스가 많거나 자녀에게 지친 경우에는 덧나기 쉽습니다. 일상에서 부모 자녀 관계를 살필 필요가 있습니다. 넷째, 이렇게 서로에 대한 이해가 부족하고 오해가 생겼을 경우엔 이전보다 깊은 대화가 필요합니다. 전화나 만남은 서로를 피로하게 할 수 있으므로 편지나 전자메일로 생각과 감정을 자세히 전달하는 것도 효과적입니다. 서로에 대한 불편한 감정과 오해를 해결한 뒤, 다시 만남이나 전화를 이어 가면서 학생의 문제를 풀어 가는 게 좋습니다. 다섯째, 동료나 선후배 교사들 또는 전문 상담 기관에 문의하거나 의논하는 것도 좋은 방법입니다.

교사와 학부모가 만나는 와중에 서로 자신만의 생각으로 문제를 바라보는 경우가 많습니다. 이 어머니의 경우도 집에서 딸에 대한 스트레스가 많고 걱정도 있지만 '학교 선생님에게 불려갈 정도라니' 하는 선입견을 가지고 있거나 잘못된 양육과 가정교육을 추궁받는다는 느낌으로 학교에 왔을지도 모릅니다. 그래서 서로 만남이 어긋나기도 합니다.

잊지 말아야 할 것은 비록 성인이라 해도 학부모를 만날 때 역시 일반적인 상담이나 만남의 원칙을 그대로 적용해야 한다는 점입니다. 상대방의 입장이나 생각, 감정을 존중하고 먼저 많이 듣는 것이 학부모 상담의 알파이자 오메가입니다.

최운규 충남 서산 운산초 교사

문제를 어떻게 해결해야 할지 차근차근 생각해 봅시다. 아이가 가진 문제가 무엇인지 정확히 파악하는 것이 먼저입니다. 아이들의 행동이 밉게 나타날 때, 어떤 상황이든 이유가 있답니다. 그러므로 아이의 주변 상황이나 마음의 변화를 잘 파악하는 것이 먼저입니다. 아이는 힘이 센 부류에 끌려 다니는 상황에 처해 있을 수도 있고, 전부터 이미 문제되는 행동을 하고 있었을지도 모릅니다. 선생님께서 "불량스러운 중학생과 만나면 안 돼!"라고 먼저 속단하지 마시고, 아이가 왜 지금 그런 행동을 하고 있는지 원인을 찾아야 합니다. 또 만난다면 언제 만나는지, 주로 어디서 만나는지, 만나서 무엇을 하는지도 함께 대화를 해서 알아두셔야 할 것 같습니다.

저도 올해 5학년 한 아이 때문에 힘들었습니다. 문제가 되는 행동의 원인을 살펴보니, 아이는 자기만 인정받고 싶어하는 마음이 강하고, 낮은 학년 때부터 힘으로 친구들을 다뤄왔습니다. 지금은 힘으로 친구들을 함부로 대하면 안 된다는 원칙이 학급에 있고, 무엇이든 자기 맘대로 하고 싶은데 친구들도 예전처럼 따르지 않아 괴로워하는 것 같습니다. 아이 문제를 해결하기 위해서는 야단치는 것보다 아이를 이해하며 스스로 고치도록 하는 방법이 가장 좋습니다. 아이들은 마음이 편치 않을 때, 나쁜 일을 하곤 합니다. 그러므로 아이의 마음을 잘 헤아리고 어려운 점을 동감하고 문제를 함께 인식하면, 아이는 스스로 고쳐 나갈 수 있을 것입니다.

무엇보다 아이를 사랑하고 걱정하는 마음이 아이와 학부모에게 느껴지도록 해야 함께 고칠 수 있습니다. 그 한 방법으로 저녁에 집으로 전화하기를 권하고 싶습니다. 친구 집이나 친척 집에 안부 전화하듯이 저녁에 전화하면 효과가 참 좋습니다. "저녁을 먹다가 잠깐 네 생각이 나서 전화했단다. 오늘 뭐했니? 저녁 반찬은 뭐였니?" 어머니께서 받으시면 "오늘 학교에서 몇 째 시간에 너무 반듯하게 잘해서 보고 싶었어요. 아쉽네요. 들어오면 꼭 선생님한테 전화 왔었다고 전해 주세요"라고 이틀에 한 번 정도 전화를 하면 집안 분위기도 어림잡을 수 있답니다.

아이의 이런저런 사정을 파악하셨다면, 아주 구체적으로 아이의 행동을 바꾸기 위한 방법을 약속하셔야 합니다. 그리고 학부모님께 그간의 사정을 말씀드리고, 활용하고 있는 방법을 설명드리고 나서 지도를 부탁하세요. "저녁 7시에는 집에 반드시 들어오게 해 주시고 확인도 부탁드립니다"라는 식으로 자세히 말씀하셔야 합니다. 아이가 아무리 잘못하더라도 "아무개가 문제가 있다" "집에서 잘 보살피시라"라고만 막연하게 이야기하다 보면, 학부모님도 어떻게 대처해야 할지 난감해하십니다. 학부모님께도 '선생님이 아이를 나만큼 걱정하고, 사랑하고, 전문가답게 당당하구나' 하는 인상을 심어 주어야 합니다. 아이를 이해하여 왜 그렇게 행동하는지를 충분히 아는 것, 그것이 가장 좋은 방법입니다. 그리고 아이의 행동을 바로잡기 위해 구체적으로 실천해야 합니다. 아이들은 말로 표현하지 않으면 선생님이 주고 있는 사랑을 모르기도 하니까요.

조성실 서울 도봉초 교사

언젠가 4학년 담임을 맡았을 때였어요. 학기 초에는 평범했던 우리 반 남자아이 하나가 시간이 흐를수록, 학습 분위기를 흐리는 일이 많아지면서 자꾸 비뚤어지기 시작했죠. 그때부터 아이는 물론, 어머님과도 이야기를 나누어 보았지만, 아이의 행동은 나아지지 않았습니다. 오히려 아이는 학교에 대한 관심과 애정이 사라져 결석이 잦아졌습니다. 그러더니 1학기 말부터는 아예 학교에 나오지 않았어요. 결국 아이가 돌아오지 않은 채, 학년이 끝나고 말았지요.

그런데 2년이 지난 어느 날, 아이가 학교에 왔더군요. 형이 아이를 다시 학교에 보내기 위해 함께 찾아왔어요. 그때 비로소 아이와 제가 편안한 마음으로 여러 이야기를 나눌 수 있었어요. 가만히 생각해 보면 아이가 방황하던 순간에는 어찌해야 할지 몰랐는데, 아이에게 휘몰아치던 방황의 바람이 사라지고 나니, 다시금 아이 스스로 평범한 생활을 할 수 있는 마음이 생겼던 것 같아요.

그 뒤에도 몇 번에 걸쳐 우리가 흔히 말하는 문제아를 만난 적이 있어요. 그리고 그때마다 나름대로 열심히 선도했지만, 끝은 언제나 실패였지요. 아마도 실패의 원인은 아이들이 처해 있는 상황을 고려하지 않고 접근했기 때문이라고 생각해요. 그저 "그런 행위는 나쁜 것이니까, 그러면 안 된다. 이렇게 나가면 네 장래가 뻔하다"라는 원론적인 이야기만 했던 것 같으니까요. 선생님도 어쩌면 그때의 제 모습과 비슷한 상황이 아닐까 하는 생각을 했어요. 아쉽게도 편지 내용에는 여학생이 중학생들에게 협박을 받아 어울리는지, 여학생 집안에 어떤 문제가 발생해서 방황하고 있는 것인지, 혹은 그저 호기심이나 재미로 어울리고 있는지, 설명이 부족하더군요. 또한 어머님 생각에 선생님이 유별나다고 했다는데, 과연 그것이 딸을 잘 아는 어머니로서 믿음과 신뢰가 있기에 걱정을 안 하는 것인지, 아니면 집안 문제가 복잡하여 딸에게 신경 쓸 여력도 남아 있지 않아 그리 생각했는지 같은 배경도 잘 설명되지 않았어요. 그렇기 때문에 선생님의 문제에 대해서 어떻게 접근해야 하는지 이야기하기 힘드네요.

다만 실패한 제 경험에 비추어 보았을 때, 선생님의 염려가 어머님께 이해받지 못해 속상하다는 선생님의 입장과 아이의 장래가 걱정된다는 일반적인 선입관을 버리고, '아이가 지금 어떤 심정으로 중학생들과 어울리고 있을까' 하는, 철저히 아이 편에서 이해하고 이야기해 나갔으면 하는 바람이에요. 자신을 꼭꼭 싸매고 있는 마음의 껍질을 깨고 마음속까지 선생님의 진심이 아이에게 전달되려면, 인도하는 차원의 상담이 아닌 친구의 자리에서 아이 이야기를 충분히 들어 주어야 할 거예요. 그래서 아이의 마음속에 우리 선생님이 자신을 최고로 잘 이해해 주는 사람이라는 믿음이 생길 때, 아이는 진심으로 선생님께서 원하는 모습으로 조금씩 바뀌어 갈 것이라고 믿어요.

김희숙 광주 금당초 교사

하루가 다르게 변하는 아이들, 고민하는 교사

● 담임이 없다고 제멋대로 구는 아이들이 무섭습니다

● 벌이 아무 효과가 없어요

● 담임 때문에 좋아하던 과목도 싫어졌답니다

● 다른 반 아이들은 지도하면 안 되나요?

● 모둠운영, 아이들이 자꾸 경쟁으로 치닫습니다

● 고마움도 모르는 아이들, 어떻게 할까요?

● 아이들이 전담 교사라고 얕봅니다

담임이 없다고
제멋대로 구는
아이들이 무섭습니다

하루 연가를 내어 강사 선생님께서 저희 반을 맡았습니다. 다음날 교실에서 있었던 일을 듣고 저는 기가 막혔습니다. 아침부터 아이들은 담임이 오지 않는다며 환호성을 지르고 소란을 떨기 시작했답니다. 친구에게 돈을 건네고 한자(아침 활동)를 써 달라는 아이들, 읽기 시간에 선생님의 질문에 반대로만 대답하는 아이들, 4층 창문에 매달려 운동장 구경을 했다는 아이들, 공부한 내용을 다시 정리해 보라고 한 강사 선생님께 짜증과 욕을 해대는 아이들……. 결국 강사 선생님은 교장 선생님께 이 사실을 알리겠다고 노발대발하시며 하루를 마감했다더군요. 제가 교실에 있을 때는 상상도 못했던 일입니다. 평소 학급운영을 하면서 어른에 대한 예의를 누차 강조한 저를 잘 따르던 아이들이어서 달라지고 있는 줄만 알았습니다.

그런데 지금까지 아이들이 제 앞에서 포장된 모습을 보이고 있었나 봅니다. 아이들에 대한 정이 '뚝' 떨어져 이제 아이들이 밉게만 느껴집니다. 제가 아이들을 너무 몰랐던 것일까요?

저도 반 아이들이 수업에 전혀 참여하지 않고 욕하고 싸움만 하려고 들면, 모두에게 심한 꾸지람을 하고 결국 저 자신에게 화가 나서 다음 수업을 제대로 할 수 없었던 적이 있었습니다. 어쩌면 선생님께서도 아이들에게 심하게 화를 내고는 자신에게 더 화가 나 있을지도 모른다는 생각이 듭니다. 호흡을 한번 늦추고 나면 아이들의 말을 들으면서 잘못한 것을 스스로 깨닫게 할 수 있는데, 그게 말처럼 쉽지 않습니다. 우리 모두는 아이들에게 기대가 많은 선생이니까요.

저희 반 아이들도 제가 출장을 가면 좋아합니다. 별로 재미있게 보내지도 않을 거면서 너무나 좋아합니다. 아이들은 왜 담임선생님이 없으면 좋아할까요? 아마도 담임선생님이 오지 않는 날은, 어린 시절 집에 손님이 오는 날과 같은 기분이 들어서일 거라고 생각해 봅니다. 저는 어렸을 때 손님이 오시면 기회라도 잡은 듯 일부러 엄마에게 무엇이 먹고 싶다느니, 돈을 달라느니 조르다가 혼쭐이 나곤 했답니다. 그런데 그렇게 혼이 나고도 다음에 또 손님이 오시면 엄마를 조르곤 했지요. 엄마를 사랑하고 엄마 말을 잘 듣는 아이였는데도 말이에요. 선생님 이야기를 듣다 보니 왠지 제 어린 시절이 생각나는군요.

아이들도 그렇지 않았을까요? 강사 선생님께 욕을 하거나 돈을 주고 자기 일을 친구에게 시키려고 한 일은 지나치다 싶지만, 아이들은 '평소에 못해 본 것을 해 보자'는 단순하고 순진한 의도였을지도 모릅니다.

어쨌든 이 일을 계기로 아이들과 터놓고 이야기하는 시간을 좀 더 가지

시면 좋을 듯합니다. 평소에 서로 친하게 지내는 아이들 서넛, 같은 성향의 아이들 서넛, 회장단 아이들 서넛 등 서로 이야기를 술술 할 수 있는 아이들로 짝을 지어 공부가 끝난 다음 남게 하세요. 그 아이들과 학급 이야기, 가족 이야기, 고민 이야기, 좋아하는 연예인 이야기들을 솔직하게 나누다 보면, 선생님이 바라보던 아이들의 모습은 물론, 아이들이 선생님을 바라보는 시각도 많이 바뀝니다.

아이들은 선생님과 자기들의 이야기를 나누는 것만으로도 선생님이 자신을 이해한다고 생각하기도 합니다.

그런데 아이들과 이야기하다 보면, 교사가 중요하다고 생각하는 것, 옳다고 생각하는 것을 아이들은 중요하게 여기지 않는다는 것을 자주 발견히곤 합니다. 그래서 내 교육철학이 아이들에게 전혀 영향을 주지 않았을 거라고 생각하게 되는데, 꼭 그렇지는 않습니다. 분명 변화를 느낄 수 있지요. 그러나 교육은 1년이 아닌 여러 해 동안 쌓여서 아이들의 마음과 행동을 변화시키는 작업입니다. 아이들이 앞에서만이라도 선생님의 뜻에 잘 따랐던 것은, 선생님의 교육철학에 부응하기 위한 변화 과정을 조금씩 거치고 있었기 때문이 아닐까요?

참, 아이들에게 마음이 멀어졌을 때는 이런 활동을 해 보세요. 몸으로 함께 뛰는 축구나 피구하기, 신나게 칭찬하면서 청소하기, 청소를 끝내고 나서 함께 떡볶이 먹기 등의 활동은 서로 섭섭한 마음, 화난 마음을 풀어내는 데 효과적이랍니다.

조성실 서울 도봉초 교사

지금쯤은 섭섭한 마음을 풀고 다시 아이들과 사이가 좋아지셨을 것 같네요. 아닌가요? 한 고비 넘기고 나서 보면 '그만한 일쯤이야' 할 수 있는 일도 부딪친 순간에는 눈앞이 캄캄할 때가 많지요.

저는 믿었던 상대방에게 배신감, 회의감이 들 때는 모든 게 다 귀찮아지고, 내 삶 전체가 의미를 잃은 것처럼 여겨지더군요. '내가 잘못한 걸까?' 하는 생각을 한참 붙잡고 있으면 점점 자기 존재가 하찮아지고 형편없어져서 바닥에 굴러다니는 휴지처럼 여겨져요. 때로는 끝없이 분노를 내뿜기도 해요. 같은 말을 몇 번씩 되뇌이면서 자신의 정당성을 내세우는 것이죠.

만약 제가 선생님과 같은 상황에 처했다면 이런 말을 했을지도 몰라요.

"선생 때려치우고 싶어."

"난 그동안 뭘한 걸까?"

"해도 너무 해! 어떻게 그럴 수가 있어!"

혹시 선생님 심정과 비슷한가요?

다시 선생님 이야기로 돌아가 보지요. 아이들과 함께 해온 지난 시간들이 물거품이 된 것처럼 느껴지셨나요? 그렇다면 내가 뭔가를 했다는 마음은 있는 거예요. 뭔가를 했으니까 당연히 그 결과도 남아 있어야 하는 것이고요. 그런데 연가 낸 날 일은 그렇지가 않았어요. 내가 예의 바른 행동을 가르쳤다면 아이들은 예의 바른 행동을 했어야 하는데 말이에요. '이건 아니야'에서 생각이 머무르면 절망적이 되지요.

이미 벌어진 일인데도 마음에서는 받아들여지지 않으니 화만 나지요. 내가 뭔가 했다는 생각을 갖고 있으면, 그 결과에 따라서 이렇게 실망하거나 분노하게 됩니다. 그래서 '바라는 마음 없이 하라' 는 가르침이 있나 봅니다.

선생님께서는 그동안 아이들을 열심히 가르치셨습니다. 이번 일로 그 사실을 부정해서는 안 됩니다. 1학기와 뚝 떼어 놓고 그냥 이번 일을 바라보세요. 화가 나면 화가 나는 걸 알아차리고 솔직하게 털어놓으세요. 아이들이 선생님 마음을 이해하고 받아들일 때 변화도 가능합니다. 여유가 생긴다면 아이들의 이야기도 들어 보는 게 좋겠지요. 잘못된 행동이라 해도 나름대로 까닭은 있으니까요.

아이들은 그날 왜 그랬을까요? 잠시 아이들 편에 서서 살펴보지요. 선생님이 안 오신다는 소리를 듣고 홀가분한 기분이 들었을 것 같아요. 학교에서 교사는 알게 모르게 아이들을 통제하고 있으니까요. 특별히 선생님께서 아이들을 힘들게 해서라기보다, 교사라는 존재 자체가 그런 것 같지 않나요? 홀가분한 마음에 자신들이 가지고 있던 장난기, 나쁜 버릇, 태도가 표출된 것이죠. 처음에 한 아이가 생각 없이 말을 내뱉고, 몇몇 아이들이 그 분위기에 동조하고 나서면서 여기저기서 깔깔거리는 웃음소리가 터지면, 순식간에 분위기가 바뀌고 말잖아요.

강사 선생님께서도 효과적으로 대응하지는 못하셨나 봐요. 남의 반이고 하루만 함께 할 아이들이니까 되도록 싫은 말을 적게 하고 싶으셨을지도 모르죠. '오늘 하루 놀아 보자' 는 아이들 마음과 '별 탈 없이 하루 잘 보내자' 는 강사 선생님 사이에서 벌어진 충돌이 아닌가 싶어요. 앞에 나서서 분위기를 다잡은 아이들 가운데는 이전에 담임선생님이 안 오신 날 강사 선생님과 재미나게 놀아 본 경험이 있는 아이가 있을 수도 있고요. 결국 아이들 마음은 '오늘 하루 놀아 보자' '오늘 하루 편하게 지내자' 였는데 강사 선생님은 그걸 받아 줄 생각이 없으셨던 게 아닐까요? 아이들이 크다 보니까 쉽게 그 분위기가 꺾이지도 않은 것 같습니다.

어쨌든 그날 드러난 아이들 말과 행동에는 걱정스러운 면이 많은 건 사실이에요. 교사는 그걸 잘 다루어야지요. 순간적으로 화를 낼 수도 있지만 자칫 잘못하면 아이들 마음에 '선생님이 화났다' '선생님한테 야단맞았다' 는 것만 남을 수도 있어요. 그냥 화를 내버리는 게 아니라 무엇 때문에 화가 났는지 알려 주는 게 더 좋겠지요. 아주 솔직하게, 아주 자세히.

"지금 선생님 마음은……."

황재숙 서울 상곡초 교사

벌이 _{아무} 효과가 없어요

교직 3년차 교사입니다.
점심시간이면 남학생들은 축구를 하다가 늦게 들어올 때가 많습니다. 처음에는 아이들에게 주의만 주다가, 고쳐지지가 않아 늦게 들어온 벌로 아이들과 합의 아래 '팔굽혀펴기 열 번'을 하기로 했습니다. 벌을 주는 마음이 편치 않았지만, 아이들과 함께 정한 벌이기에 아이들이 잘 지킬 줄 알았습니다. 그런데 아이들이 너무나 당연하다는 듯, 늦게 들어와 "선생님 팔굽혀펴기 열 번 하면 되죠?" 하는 겁니다. 아이들에게 벌도 아무런 효과가 없습니다. 어떻게 해야 하나요?

높은 학년 남자아이들은 축구를 참 좋아합니다. 그래서 급식지도도 잘 되지 않습니다. 아이들에게는 점심시간이 황금 같은 시간입니다. 점심시간에 축구하는 재미로 학교에 오는 놈들도 있으니까요. 한참 재미있게 축구를 하고 있는데 수업 시작을 알리는 신호는 얄밉기 그지없지요.

그렇지만 지킬 것은 지켜야 하겠지요? 약속 가운데 가장 기본이 되는 게 시간 약속입니다. 약속을 지키는 버릇을 어릴 때 바르게 들이지 않으면 커서 고치기는 어렵습니다. 평생 그 버릇대로 그렇게 살아가기도 합니다. 교육이란 따지고 보면 버릇 들이기와 다르지 않다는 생각도 듭니다. 아이들과 합의하셨다는 '팔굽혀펴기 열 번'은 아이들이 당연히 몸으로 때우려는 생각을 하게 하는 벌입니다. 그처럼 재미있는 축구를 앞에 두고는 말입니다. 저는 교실이 공평성의 원리가 철저하게 적용되는 공간은 아니라고 생각합니다. 아이들에게 들이대는 벌이 얼마나 공평한가가 중요한 게 아니라, 벌을 주고받을 때 마음의 진정성이 오갔느냐가 중요한 문제라는 생각이 듭니다. 또 벌의 일관성이라는 말은 벌의 양에 적용되는 것이 아니라, 방향을 두고 하는 말입니다. 미리 정량으로 매긴 벌을 공식적으로 받을 것이 아니라, 약속을 지키지 못한 데 대해서 그때그때 아이들이 인정할 수 있는 꾸중이나 또 다른 벌이 있어야겠습니다.

꾸중도 교육이고 대화입니다. 시간 지키기, 약속 지키기, 나쁜 버릇 고치기 차원으로 아이들과 이야기를 나눈 다음, 지키지 못하면 그에 따른 대가를 치르도록 해야 하겠지요. 이때 벌을 주는 교사의 모습이 감정적으로 보여서는 안 됩니다. 벌은 선생님 말을 듣지 않아서가 아니라 아이들의 버릇을 고치기 위해 주는 것이기 때문입니다. 그런 선생님의 마음이 아이들에게 느껴지면 벌을 받으면서 '아이쿠, 언제 시간이 이렇게 되었지' 하고 아이들이 생각할 수 있겠지요. 이런 벌이야말로 벌의 진정성이 발휘되었다고 할 수 있습니다. 저는 이런 벌을 줘 본 일이 있습니다.

"지금 운동장 트랙 말고 담장 가까이까지 가서 학교를 가장 크게 한 바퀴 돌고 와. 절대로 뛰지 말고 아주 천천히 걸어서 말이야."

이렇게 아이들이 돌고 오면 아무 일도 없던 것처럼 제자리에 앉게 한 뒤에 공부를 시작합니다. 아이는 천천히 돌면서 무슨 생각이라도 했을 겁니다. 반성하면서 돌라는 말을 굳이 할 필요도 없습니다.

그리고 아주 무서운 벌도 있습니다. 점심시간을 빼앗는 일입니다. 내일 점심시간이 몽땅 날아가 버리는데 오늘 몇 분 더 하지는 않겠시요. 지는 이것을 학급재판으로 해 본 적이 있습니다. 그러나 학급재판은 자칫 편을 만들거나 아이들 사이를 벌어지게 할 위험도 있습니다.

또 당연히 교사도 시간 지키기에 철저해야 합니다. 같은 학년 선생님들과 차를 마시다가 그만 1~2분 늦게 들어가는 일이 있어서는 설득력을 잃게 되겠지요. 어쩌다가 그런 일이 있으면 아이들에게 진정으로 사과를 하고 공부를 시작해야 합니다. 아이들과 부딪치며 싸우는(?) 가운데 교사의 경험도 쌓이게 되겠죠.

윤태규 대구 금포초 교감

3월 첫날! 서로 인사를 하고 걱정되었던 마음을 서로 쓸어내리고, 다음 날이 되었습니다. 첫날에 대한 감정을 고스란히 담아 글을 써 오라는 제 말에 한 친구가 손을 번쩍 들고 말했습니다.

"선생님 안 하면 안 돼요?"

그 강렬한 인상에 주목받던 이 친구는 첫날부터 지금까지 숙제라곤 기껏해야 한두 번 해오고, 수업 시간에 해야 할 일을 잘 챙기지 않는 학생입니다. 부모님도 아이를 도저히 이해할 수 없다며 걱정이 태산인데, 못한 숙제는 남아서 해야 한다는 원칙을 고수하는 제게 이 친구는 항상 짜증을 부립니다. 그래서 물었죠.

"5학년 땐 숙제와 수업 시간에 해야 할 일을 잘했니?"

"아니요, 4학년 말부터 안 했어요."

"그럼 네가 해야 할 일을 하지 않았을 땐 학교에서 어떻게 했니?"

"그냥 몇 대 맞고 갔어요. 아님 청소하던가. 선생님도 그렇게 하세요. 남아서 하고 가는 거 짜증 나요."

집에서 부모님 처방도 별로 다르지 않았습니다. 체벌과 감정 섞인 잔소리로 부모와 아이 모두 지쳐 있더라고요. 그동안 아이는 주변 사람의 말을 귀담아듣지 않는 버릇까지 생기게 되었죠.

언젠가 아이들에게 벌을 주면서 벌을 주는 목적에 대해 생각해 본 적이 있어요. 벌의 목적은 잘못된(합의가 되지 않은) 행동을 버리고, 좀 더 바람직한(서로 합의가 된) 행동을 하도록 이끄는 데 있는데, 제가 주는 벌

가운데는 아이들에게 힘을 과시하기 위해서, 혹은 다른 아이들에게 선전 효과를 내기 위해서일 때도 있더라고요.

'이런 행동을 하면 누구든 벌을 받을 테니 조심해!'

이런 의도죠. 그리고 대부분은 지난 일에 대해 개인에게 책임을 지우는 방법으로 벌을 주고 있다는 생각이 들었어요.

'네가 이런 행동을 했으니 매를 맞거나 청소를 해서 잘못에 책임져.'

벌 주기에 좀 더 원칙적으로 접근한다면, 아이들은 점심시간이 끝나기 전에 축구를 그만하고 교실에 오도록 이끌어야 합니다.

우리 반 친구들도 그래요. 특히 교실이 4층에 있으면 더하죠. 4층까지 올라오는 시간이 있으니까요. 우선 아이들에게 왜 늦게 들어오게 되는지, 그 까닭을 들어 보면 어떨까요? 그 원인에 따라 여러 처방이 나올 수 있을 것 같아요. 혹 일찍 들어올 수 있는 조건이 갖추어져 있지 않을 수도 있죠. 그렇다면 개인에게 책임을 지우기 전에 그런 조건을 만들어 주는 것이 중요하다고 생각해요. 운동장에서 예비 종소리가 들리지 않는다거나 시간을 알 수 있는 큰 시계나 개인 시계가 없다면 이 조건들을 먼저 해결해 주어야 하겠죠. 이런 조건이 다 갖추어져 있는데도 아이들이 늦게 들어온다면 그로 인해 어떤 문제가 발생하는지 친구들과 함께 이야기하면서 공유하는 시간이 필요합니다. 교사의 견해뿐 아니라 다른 친구들의 입장에서 이야기를 나누는 건 또 다른 힘을 갖는 것 같아요. 다른 친구들이 모두 피해를 입고 있다는 깨달음을 주기도 하거든요.

저희 반의 경우는, 늦게 들어오는 아이들 때문에 수업에 방해가 된다는 게 가장 큰 문제였어요. 그럼 이 부분에 대해선 책임을 져야 하겠죠. 여러 방법이 있을 거예요. 수업 시간만큼 남아서 공부할 수도 있고, 축구 자체를 금지하는 방법도 쓸 수 있지요. 정반대로 시간 안에 들어오면 체육 시간에 축구할 시간을 주는 방법도 있을 수 있고요. 지금처럼 아이들에게 물어봐도 좋을 것 같아요. 단 잘못된(합의가 되지 않은) 행동을 억제시키고 좀 더 바람직한(서로 합의가 된) 행동을 증진시킬 수 있는지가 기준이 되어야 할 것 같아요.

김은아 서울 누원초 교사

담임 때문에 좋아하던 과목도 싫어졌답니다

올해 처음 6학년을 맡은 4년차 교사입니다. 얼마 전 학년 마무리도 할 겸 아이들에게 설문조사를 했습니다. 그런데 설문 결과 때문에 마음이 아픕니다. 한 여자아이가 '6학년 때 배우는 수업은 다 싫다. 이젠 5학년 때 좋아했던 과목도 다 싫어졌다. 음악 선생님(교과 전담)은 재미있고 우리를 자유롭게 해 주시는데…….' 라고 썼더군요. 뒤통수를 맞은 기분이었습니다. 누구보다도 자기 할 일을 잘하고 열심히 하는 아이라고 생각했거든요. 그 뒤로 아이를 자세히 보니, 수업 중에 얼굴도 들지 않고, 인사할 때는 고개도 숙이지 않습니다.

그동안 저는 교과서 내용 중 무엇을 가르칠까만 연구했지, 아이들이 어떻게 느끼고 생각하는지 고민하지 못했나 봅니다. 설문조사 뒤로는 아이와 대화도 못했습니다. 솔직히 아이를 어떻게 대해야 할지 모르겠습니다. 마음이 편하지 않네요.

어떻게 해야 아이들이 자유롭다고 느낄까요? 저희 반 아이들은 교과 공부를 꼼꼼히 가르치고 신경 써 주는 것을 싫어하나 봅니다.

교과를 재구성하는 노력이 필요합니다

교사가 평가를 받든 아이들이 평가를 받든 평가의 목적은 서열화가 아니라 피드백입니다. 그런데 어른이든 아이든 좋지 않는 평가가 나오면 보완해야겠다는 마음보다 속상한 마음이 앞서 시험이나 평가자를 싫어하기도 합니다.

우리 교사들은 아이들을 평가하는 데 참 익숙합니다. 그러면서도 교사들이 평가받는 것은 아주 두려워해요.(그렇다고 바깥에서 이야기되는 교사평가를 긍정한다는 것은 아닙니다). 그래도 선생님은 자신을 객관적으로 보고자 아이들에게 평가를 자청했다는 점에서 참 용기 있다고 생각합니다. 많은 교사들은 그런 과정이 없으니 참으로 독선에 빠지기 쉽잖아요. '나는 우리 반 아이들을 꽉 잡고 있지!' '우리 반엔 왕따가 없어!' '내 수업은 재미있고 알차!' '나는 아이들 모두를 공평하게 대해!'

저도 언젠가 6학년을 맡았을 때 아이들에게 담임선생님을 평가해 달라고 했는데, 그때 아이들이 어찌나 신랄하게 평가를 했는지, 기가 질려 며칠 동안 마음을 다잡지 못했던 기억이 납니다. 그 뒤로 몇 년 동안은 결과를 감당하지 못할 것 같아 감히 평가받을 엄두도 못 냈습니다. 가장 신랄하게 비판했던 아이 이름을 지금껏 기억하고 있는 걸 보면 꽤나 큰 충격이었던 것 같습니다.

선생님이 아이에 대해 갖고 있는 기분은 충분히 이해하지만, 그 아이는 또 무슨 죄일까요? 어쩌면 자기 상황(이래저래 평가와 공부에 짓눌리고 있는 상황)에 대한 하소연을 담임선생님께 하고 싶었는데, 오히려 그 평가를 받고 괴로워하는 선생님 마음이 아이에게 느껴지면서 더욱 외롭고 혼란스러워졌는지도 몰라요.

물론 일부러 악의적으로 썼을지도 모르죠. 그렇지만 아이가 그렇게 말한 데는 반드시 이유가 있을 거예요. 아이가 너무 힘든 상황에 처해 있거나 뭔가 다른 이야기를 하고 싶어 선생님한테 그런 방식으로 말 걸고 있는 것은 아닐까요? 아이가 수업 중에 얼굴도 잘 들지 않고 고개 숙여 인사도 하지 않는다면, 더욱 그렇게 방치해서는 안 됩니다.

선생님이 마음을 다잡고 한 발짝 다가가는 것은 어떨까요.

'○○야! 선생님은 나름대로 재미있게 수업하려고 했는데 재미가 없었나 보다. 이번 단원 재미있게 수업하고 싶은데 네가 도와주라. 어떻게 할까?' 또는 그 아이를 조용히 남겨서 음식이라도 나누어 먹으며, 어떤 부분이 그렇게 어렵고 재미없었는지, 자세히 물어보면서 아이를 힘들게 한 것들을 함께 찾아보면 어떨까요?

5, 6학년을 맡으면 엄청난 학습량에 교사도, 아이들도 지레 질리는 것 같습니다. 학습량이 많다 보니 활동보다는 일방적인 설명으로 수업하기 일쑤죠. 더구나 중간고사와 기말고사를 치르는 학교도 많아 끊임없이 교과 내용을 외우는 데만 연연하고 문제 풀이에 집착하게 됩니다. 아이들은 숨 쉴 틈이 없고 수업은 지루해질 수밖에 없지요.

이런 조건 속에서 학습활동을 좀 더 흥미롭게 진행하기 위해서는 교사가 끊임없이 교육과정을 재구성하려는 노력을 해야 합니다. 교과서를 미리 보고 목표에 맞추어 수업을 재구성하면서, 차시 목표보다는 단원 목표를 염두에 두고 수업하는 것이 좋습니다. 예를 들어, 사회과 '우리 조상들의 생활과 민속'이라는 단원을 가르친다면, 교과서에 나오는 자료들을 요약하는 활동만 반복하게 할 것이 아니라, 어느 한 분야를 깊이 있게 다루면서 생활 속에서 그런 지혜들을 찾게 한다든지, 온돌과 숫대, 장승을 직접 만들어 보면서 옛 마을을 미니어처로 꾸며 보게 할 수 있습니다. 아이들은 다양한 삶의 모습들을 담아내는 활동을 통해 지루하지 않게 수업 목표에 접근할 수 있습니다.

국어과에서도 동화 속 인물의 성격을 파악하는 것이 수업 목표라면, '성격이 어떤지' 하는 단순한 질문보다는 모둠별로 아이들에게 마인드맵을 그려 보게 하거나, 그 사람이 가장 아낄만한 소지품은 무엇인지 짐작해 보게 하면 훨씬 더 흥미롭게 수업을 진행할 수 있습니다.

그리고 놀이와 조작활동을 충분히 담아 입체적이고 역동적으로 진행하면 어떨까요? 하루 활동에도 리듬이 있어야 하듯, 한 시간의 수업에도 리듬이 있어야 합니다. 아무리 좋은 내용도 비슷한 활동이 되풀이된다든지, 교사의 설명이 반복되면 아이들은 금방 집중력을 잃게 되죠.

하루 6시간, 1주일에 29~32시간의 수업을 매번 그렇게 할 수는 없습니다. 다만 간단한 조작이나 놀이라도 활용할 수 있도록 시간표를 조정하고 수업을 기획해 보는 거죠.

무엇보다도 아이들에게 즐겁게 공부할 수 있는 환경을 만들어 주는 것이 중요합니다.

박지희 서울 창도초 교사

흔히 옳다고 믿고 행한 일이 한순간에 부정될 때, 심한 절망감에 빠지고, 믿던 만큼의 배신감을 느끼게 됩니다. 그 일에 대한 흥미와 관심이 떨어지고, 심지어는 '내가 그 일을 또 하나 봐라' 하는 생각까지 드는 경우가 많지요. 최선을 다해 펼쳐온 수업 방식이 한 여학생으로 인해 뿌리 채 흔들릴 수 있는 사건이 벌어졌으니, 마음속으로 받아들이는 것이 더욱 힘드셨을 겁니다.

어떤 일이 벌어졌을 때, 많은 교사들이 학생보다는 자신의 입장에서 해석합니다. 그래서 더 큰 배신감과 절망감을 느끼고, 교사의 입장에서 문제를 해결하는 방향으로 정리하곤 하지요.

먼저 선생님은 움츠러드는 마음을 접고 냉철하게 학생의 입장에서 보세요. '올 한 해 동안 정말 재미없고 힘들었겠구나' 하는 마음으로 학생과 이야기를 시작해 보세요. 자기 일을 아주 잘하고 열심히 하던 아이가 지금은 수업 중에도 고개를 숙이고 있을 정도로 변했다는 말로 짐작해 보건데, 그 학생은 설문에 솔직하게 표현해 놓고는 큰 부담을 느꼈을지도 모릅니다.

학생에게 너그러운 어른의 모습을 보여 주세요. '네 솔직한 답이 너를 평가하는 데 사적인 감정으로 작용하지 않는다'는 것을 확실하게 보여 주셨으면 합니다. 설문은 지금까지 잘해오던 것을 점검하기 위한 목적도 있지만, 부족한 부분을 좀 더 보완하기 위한 목적도 있으니까요. 학생의 마음에서 신뢰를 불러일으켜야 됩니다. 신뢰가 회복되지 않으면 선생님과 학생 모두에게 크든 적든 앙금이 남습니다. 또 학생은 앞으로 실명을 써야 하는 설문에는 절대로 솔직하게 답하지 않을 수도 있습니다.

혹시 다른 학생들도 그 여학생처럼 수업 시간이 너무 딱딱하고 재미가 없다고 한 것은 아닌지요? 만약 다른 학생들은 문제가 없는데 그 학생만 그렇게 대답했다면, 선생님의 수업 방법보다 학생 본인에게 문제가 있다고 봐야겠지요.

이 기회에 교육과정을 열심히 가르치는 것만이 초등 교사가 할 일인지를 고민해 보는 것도 좋겠어요. 초등학교는 교과 외에도 어떻게 사는 것이 올바른 삶의 자세인지, 어떠한 모습과 방법으로 다른 사람들과 더불어 살아갈 것인지를 배우는 곳이지요.

선생님의 삶의 방향과 삶의 자세를 교과과정에 어떻게 적절하게 녹여낼지 한번 고민해 보셨으면 합니다. 예를 들어, 수업 시간에 교과 내용에서 유추할 수 있는 예화나 마음을 풍요롭게 해 주는 동화도 한 번씩 들려주시고, 아이들이 좋아하는 대중매체 속의 이야기로 동기유발도 시켜 주는 방법도 있습니다. 아이들은 이야기를 많이 해 주는 선생님을 참 좋아하잖아요.

아무쪼록 교과서 속에 있는 지식만을 열심히 전달해 주는 재미없는 교사가 될 뻔했는데, 모처럼 선생님이 한 단계 더 깊어질 수 있는 기회가 찾아온 것에 고마워할 수 있다면 좋겠어요. 이 문제를 슬기롭게 잘 풀어 가시길 바랍니다.

김희숙 광주 금당초 교사

용기를 내어 아이들에게 평가를 받았는데 상처가 되었네요. 먼저 선생님의 그 용기, 그리고 진정 어린 성찰을 통한 성장 의지에 박수를 보냅니다. 사실 쉽지 않은 시도지요. 교사가 자기 정체성, 존재 이유를 직접 학생들에게 묻는 데는 대단한 용기가 필요합니다. 자기 성찰과 성장으로 이어갈 수 있는 반면, 자칫 자책과 자기비하로 슬럼프에 빠지기도 하니까요.

먼저 처음 의도에 충실하자는 말을 하고 싶군요. 아이들에게 피드백을 받아서 좋은 선생님이 되고자 했던 뜻을 살리자는 것입니다. 희비를 떠나서 아이들의 반응이 구체적으로 근거가 있는 것인지, 얼마나 객관적인 것인지를 살핀 뒤 성찰하고 취사선택하는 지혜가 필요합니다.

다음으로는 학생들 반응을 읽는 안목이 필요합니다. 아이들의 반응을 중요하게 여기는 것은 좋지만, 사실 다소 미숙하고 단편적인 경우도 많습니다. 표현 그대로 받아들이기보다는 숨어 있는 속마음을 읽어 보거나 원인을 찾아 보는 것도 필요하지요. 이를테면 아이들은 선생님께 관심과 인정을 받으려고 억지를 쓰기도 하고, 질투나 시기로 왜곡하기도 하며, 1년을 평가하기보다는 평가 시점의 경험을 가지고 일반화하기도 합니다. 아이의 마음, 즉 관심과 사랑을 받고 싶은 욕구를 읽어 내는 것이 중요합니다. 물론, 선생님 스스로 마음에 남는다면 만남의 기회를 마련하여 깊은 속내를 나누어 볼 수도 있습니다. 서로 홀가분하게 시작하기 위해서 말입니다.

가끔은 서로의 기질이 달라서 그런 결과를 빚기도 합니다. 경험에 비추어 볼 때, 교사와 학생의 기질이 다르면 사사건건 부딪히고 결국, 감정의 골이 깊어지기도 합니다.

끝으로, 설문의 방법도 중요합니다. 설문은 목적에 따라서 다양한 방법이 있습니다. 선택지 설문과 자유응답 설문, 긍정적인 영역과 부정적인 영역, 그리고 교과 공부와 생활, 관계 들의 균형과 조화를 생각해 보아야 합니다. 내가 좋은 선생이냐 나쁜 선생이냐를 넘어서 명료하고 자세한 설문이 좋으며 몇몇 아이들과 심층면접 방법을 통해 보완하는 것도 좋습니다.

어쨌든 선생님의 자기 성장을 위한 노력에 박수를 보냅니다. 제 경험에 비추어 보면 자기비하로 갈만한 일은 아니라고 봅니다. 일구어가는 과정의 긴장을 놓지 않는 것, 그리고 동료 교사들과 함께 모색하는 것이 중요하겠지요.

최운규 충남 서산 운산초 교사

다른 반 아이들은
지도하면 안 되나요?

얼마 전 학교 공중전화기 앞에서 다른 반 아이들이 말다툼을 하는 것을 보았습니다. 싸움을 말리며 자초지종을 들어 보니 A가 전화하려고 줄을 서고 있다가 화장실에 다녀온 사이 B가 와서 줄을 섰다고 합니다. 이에 A가 자기 자리라고 주장하며 따지자 싸움이 일어났던 겁니다. 제가 보기에 A의 잘못이 명백하기에 잘못을 지적하고 B 뒤에 서라고 했습니다. 그랬더니 그 아이가 "전화 안 하면 될 거 아냐!"하며 가 버리더군요. 순간 저는 당황했습니다. 그 뒤 저는 더 이상 이야기해서는 안 될 것 같아 아이 담임선생님께 이야기해 지도를 부탁드렸습니다.

그 사건 이후 다른 반 아이들을 지도하는 것이 꺼려집니다. 지난해 제 손을 거쳐 간 아이들조차도 지도하기 불편해졌습니다.

다른 반 아이는 지도하지 않는 것이 좋은 건가요?

선생님께서는 두 아이의 말을 듣고 아이들의 행동을 판단하여 A를 B뒤에 가서 서게 했습니다. 교사의 입장으로 보면 교육적으로 올바른 결정이었습니다. 그런데 A는 화를 내며 선생님의 결정에 불쾌감을 드러냈습니다. 이런 행동을 대하면 많은 교사들이 당혹스러워 당장 감정 섞인 말을 하게 됩니다.

이번에는 아이 입장으로 문제를 살펴볼까요? A는 자기가 먼저 왔기 때문에 B보다 앞에 서는 것이 당연하다고 생각합니다. 화장실에 다녀오긴 했지만 말입니다. 그리고 선생님이 내린 판단을 '아무것도 모르면서 이래라 저래라' 하는 것으로 받아들였을 것입니다.

높은 학년 아이들은 굉장히 바쁩니다. 학교와 학원, 가정에서도 촘촘히 짜인 시간대로 하루를 살아갑니다. 이렇게 되면 누구에게 양보를 하거나 다른 사람 말을 받아들이기가 어렵습니다. 무조건 '내가 먼저' 입니다. 이런 상황에서 아이는 선생님이 내린 판단에 '욱' 한 것일 수도 있겠지요. 아이와 교사 모두를 만족시킬 방법은 없을까요? 우선 교사 스스로 아이들의 반응에 좀 더 여유를 갖고 나와 아이, 그리고 상황을 분리시켜 볼 줄 아는 힘을 키우면 좋겠습니다.

저는 교실이나 복도에서 문제 상황을 만나면 우선 심호흡을 하고 갈등을 일으킨 아이들을 떨어뜨린 뒤, 상황을 자세히 적게 합니다. 그때 했던 말이나 행동, 자기 생각들을 있는 그대로 쓰게 합니다. 그런 다음 공책을 바꿔 읽고 답장을 주고받게 합니다. 상대방의 뜻을 명확하게 이해하면 주먹이나 말다툼보다 대화로 문제를 해결하는 것이 더 쉽다는 것을 체험하게 됩니다. 이 과정에서 교사도 자신의 관점이나 판단보다 아이들의 눈으로 상황을 이해하는 힘을 기르게 됩니다.

둘째로 아이들은 교사의 행동이나 지도를 감성적으로 느낍니다. 교사가 집중해서 자기 이야기를 들어 주려 하는지, 단지 문제를 판단해서 심판하려는지 직감합니다. 교사가 성실하게 귀 기울여 주면, 아이들은 자기 감정을 이야기하는 과정에서 스스로 문제를 해결해 가는 모습을 보입니다.

셋째로 현장에서 필요한 교사의 역할은 중재나 판단보다는 자기 뜻을 당당하고 스스럼없이 말할 수 있는 능력을 키워 주고 다른 사람의 표현과 행위를 존중할 수 있도록 가르치는 것이 아닐까요? 불쾌한 감정을 어떻게 드러내야 하는지, 말로 어떻게 싸워야 하는지, 잘 싸우는 법을 가르쳐야 합니다. 이런 것을 제대로 가르치지 않으면 제 뜻을 말하지 못하거나 '욱' 하는 심정에 주먹으로 의사를 표현하는 미숙한 사람으로 성장할 수밖에 없을 것입니다.

다른 반 아이라고 해서 다르지 않다는 생각이 듭니다. 선생님이 받은 상처를 글로 써서 그 아이에게 준다면 아이는 어떤 반응을 보일까요? 판단하기보다는 이해하려고 애쓰며 서로의 이해를 돕기 위해서 말이나 글 혹은 평화로운 방법으로 나를 표현하는 것을 배워간다면 학교에서 교사와 아이는 서로 가르침을 주고받는 교육적 관계를 맺을 수 있지 않을까요?

최은경 경기 군포 곡란초 교사

질문한 선생님도 이미 알고 있듯이, 다른 반 아이도 지도해야 합니다. 학교에서는 학생들을 학급 중심으로 조직하여 담당 선생님(담임)을 정합니다. 담임교사제의 좋은 점은 책임있게 지도하고 공동체성을 키우는 바탕이 되기도 하지만, 때로는 폐쇄적이거나 학급 단위로 벽을 쌓는 풍토로 이어지는 단점도 있습니다.

학교 풍토와 교사 문화가 함께 대화하고 고민하며 해결해 나가는 분위기라면 얼마나 좋을까요. 나부터 조금씩 그런 문화를 만들어 나간다면 이런 문제는 훨씬 쉽게 해결될 텐데 하는 아쉬움이 있습니다.

먼저, 전화 갈등 문제부터 생각해 봅니다. 어떤 문제든 대개는 옳고 그름이 있습니다. 하지만 선생님이 올바른 판단을 하고 지도한다고 해도 일방적일 경우에는 교육 효과가 줄어들게 마련입니다. 어쩌면 아이도 자기가 잘못한 것을 알고 있었는지도 모릅니다. 하지만 상대와 시시비비를 가리던 중에 바로 그 상대 앞에서 '그래 내가 잘못했어' 하고 인정하기는 퍽 어려웠겠지요. 중요한 것은 그 아이가 사태를 객관적이고 냉정하게 돌아보는 과정입니다. 그래서 가벼운 문제라면 간단하게 '이렇게 하자' '저렇게 하렴' 하며 지나갈 수도 있고, 좀 더 무겁고 중요한 문제라면, 시간과 자리를 옮겨서 서로 싸우던 극한 감정을 벗어나도록 한 뒤, 차근차근 이야기를 풀어가는 게 바람직합니다.

교사가 자주 빠지는 함정 가운데 하나는 그 순간에 시시비비를 가리고, 설득하고 지도까지 해서 가르침을 완결하려는 습관입니다. 그것도 단 한

번의 기회에 말입니다. 어떤 문제든 따로 떨어져 있지 않다는 점을 감안한다면 그 자리에서 1차 갈무리하고 2~3차 만남으로 이어가는 것이 좋습니다. 물론 학교에서 그런 여유를 찾기란 쉽지 않지만요. 어쨌든 일의 경중을 가려서 그 자리에서 지나가듯이 가볍게 다룰 것과 다시 집중해서 다룰 것을 가릴 필요가 있습니다. 극한 감정으로 대립하는 경우라면, 감정을 누그러트린 뒤 충분히 들어 주고 좀 더 차분하게 다루는 것이 방법이라 하겠습니다.

두 번째는 담임선생님께 반 아이 문제를 이야기하는 것을 생각해 보지요. 나름대로 해결책을 찾아보고 담임선생님께 알려드리는 것이 당연한데 우리는 왜 부담을 느낄까요? 여기에는 두 가지 이유가 있습니다. 하나는 돕는 선생님이 부담스러워하면 서로 어색해하거나 오해를 받을지 모른다는 것이고, 또 하나는 아이가 담임께 일렀다고 생각할까 봐 염려스러운 점입니다. 어느 경우든 우리 교직 사회가 얼마나 대화하고, 나누며, 서로 돕는 공동체 문화에 미숙한가를 반증하는 것이지요. 나부터 마음을 열고 이야기를 시작하는 게 문제 해결이나 교사 문화에 기여하는 일입니다. 담임선생님께 상의드리듯이, 혹은 경험을 묻듯이 지혜를 나누는 마음으로 진솔하게 다가간다면 어떨까요? 걱정 대신 서로를 믿고 말입니다. 대화란 진정성이 핵심이고, 그 다음이 기술일 테니까요. 용기가 필요합니다.

최운규 충남 서산 운산초 교사

다른 반 아이들을 지도하는 일은 아주 조심스럽습니다. 때에 따라 낭패를 볼 수도 있고요. 그 까닭을 생각해 보니 다른 반 아이들과 나는 아무 관계를 맺지 않은 상태이고, 교사들 열 가운데 아홉은 모르는 아이라도 잘못이 있을 때는 꼭 지도해야 한다는 투철한 사명의식을 갖고 있기 때문인 것 같습니다.

다른 반 아이라도 잘못을 하는데 모른 체할 수는 없는 일입니다. 단지 우리 눈에는 아이의 잘못만 알고 있지 아이가 왜 이런 말을 하게 됐는지, 그 아이가 어떤 삶을 살고 있는지 모르기 때문에 아이의 당돌한 말과 행동에 미움이 먼저 앞서기도 합니다. 어떻게 이런 말을 할 수 있느냐고 이해를 못하지요. 그 까닭은 아이와 나는 아무런 관계를 맺지 않았기 때문입니다.

저도 이런 일을 자주 겪고는 일이 있을 때마다 아이와의 관계를 먼저 떠올립니다. 그래서 골마루에서 뛰어다니는 아이들을 보고는 야단치려는 마음을 접습니다. 대신 이렇게 합니다.

"이기~ 무슨 소리고? 학교가 무너지는 소리제?"

혹은 달리는 아이를 안고서 말합니다.

"잘 달리네! 나는 니가 다칠까 봐 무섭다, 야!"

이러면 대부분 아이들은 미안해하며 '씨익' 웃습니다. 그러는 사이 저도 처음 보는 아이에게 "요놈 자식!"하기보다 정겨운 마음이 생깁니다.

간혹 보결 수업에 들어가서도 이런 일이 일어나지요. 교실은 그야말로

난장판, 소리지르며 정리하자고 하면 대부분 왜 담임도 아니면서 상관이
느냐는 표정을 짓습니다. 그러면 어떻게 아이들이 이럴 수 있냐, 싶어 우
리 교사들은 더 큰 소리와 힘으로 아이들을 무릎 꿇게 만들려고 하지요.
그러다 '아차, 아니다' 싶어 내 심정을 솔직하게 말합니다.

보결 수업에 들어가서 이런 일도 있었습니다. 4학년 가운데 가장 별난
반이라 담임이 보통 애를 먹는 반이 아니었습니다. 예닐곱 녀석들이 사
례에 나오는 아이 같았는데, 그래서 먼저 아이들과 관계를 맺습니다.

"야아, 지금 이 한 시간은 내가 쉬어야 하는 시간인데 느그 반에 들어왔
단 말이야. 아, 그런데 느그 교실이 엉망이고 좀 치우자는 내 말마저 안
들어 주니 내 기분이 어떻겠노? 나도 느그처럼 이 쉬는 시간을 얼마나
기다리는데."

그러면서 혼자 이것저것 치웁니다.

"나 좀 도와줄 사람이 있으면 참 고맙겠네……." 하고 말을 던집니다. 꿈
쩍도 않던 아이들이 마지못해 하나둘 나옵니다. 팅팅거리고 내 말 한마
디 한마디에 토를 달던 녀석도 나옵니다. 그 뒤 이야기는 안 해도 되겠지
요. 이 녀석들이 5학년에 올라가서도 나를 만나면 아주 알은 체를 하며
인사합니다.

어떤 일이 벌어진 상황에서 생판 모르는 아이와 관계 맺는 일은 쉬운 일
이 아닙니다. 어쩌면 교사들은 잘못을 야단치는 데만 치우쳐 미처 관계
맺는 일을 아주 잊었는지도 모릅니다. 우리는 흔히 '화가 날 때 3초만 참
으라' 는 주문을 외우고는 하지만 실천으로 옮기지 못한 채, 아이를 야단

치고는 후회하는 일이 많지요. 그 3초 동안 아이와 어떻게 관계를 맺을까 생각해 봅니다. 관계 맺는 일이란 무슨 특별한 방법이 있는 게 아니라 아이 편에 서서 공감해 주는 일입니다. A에게 "니가 화장실에 갔다 오는 바람에 이렇게 됐네. B는 그런 사실도 모르고 줄을 섰고. 니 참 억울하게 됐다, 야." 잘못을 따지기보다는 두 아이의 주장을 공감해 주는 일이 교사의 몫이 아닌가 싶습니다.

요즘 아이들의 당돌하고 어처구니없는 말과 행동으로 교사의 지도력이 무력해졌다고 한탄하기 전에, 아이들이 이렇게 변한 까닭을 우리 어른과 교사들이 짚어내야지요. 아이들과 세상은 마구마구 변하는데 우리 교사들은 옛날 방식 그대로, 혹은 자신이 받아온 권위적인 교육방법(우리 클 때는 안 그랬는데)으로 아이들에게 다가가니 자꾸 틈만 벌어집니다.

우리 반 아이들이든 다른 반 아이들이든 잘못을 바로 잡는 일은 당연히 교사가 해야 할 일입니다. 그러나 다른 반 아이들 잘못을 지도하는 상황에서는 '나는 교사이고 너희들은 잘못을 한 학생' 이란 공식에서 벗어나야겠습니다. 상황에 뛰어든 이상, 나도 같은 아이들의 입장이 되려고 애써야지요. 이 문제를 풀어야겠다는 간절한 마음을 가지고 말입니다.

이데레사 부산 해송초 교사

모둠운영,
아이들이
자꾸 경쟁으로 치닫습니다

모둠을 통해 학급운영을 하고 있습니다. 모둠별로 잘하면 점수를 올려 주고 스티커도 주면서, 못하는 아이를 지적하기보다는 잘하는 아이들을 더욱 칭찬해 주려고 했습니다.

그런데 모둠 전체가 잘해야 한다는 욕심 때문에 아이들이 잘 못하는 아이에게 때때로 눈치 주는 것을 봅니다. 제 의도와는 달리 아이들은 자꾸 경쟁으로 치닫습니다. 서로 협동하고 다독이는 모습이 좋은 거라고 여러 번 이야기해도 아이들 입장에선 그렇지 않나 봅니다. 얼마 전 한 아이가 일기장에 "모둠 점수가 싫다. 친구 사이만 멀어진다"는 내용을 적었더라고요. 그 일기를 보니 모둠운영이 정말로 고민이 됩니다.

어떻게 해야 하나요?

모둠활동에 대한 선생님과 아이들의 생각이 서로 다를 수 있습니다. 아이들에게 지금까지 어떻게 모둠활동을 하고, 어떤 효과가 있었는지 물어보세요. 어떤 활동을 모둠끼리 했고, 좋았던 활동, 힘들었던 활동, 막막했던 활동은 무엇이었는지 아이들이 답해 줄 것입니다. 자기 혼자만 하는 아이, 늘 빠지는 아이, 혼자는 못하는 아이, 장난만 치는 아이가 있을 때 어떤 마음이었고, 어떻게 해결해 왔는지도 들어 보세요. 그러면 앞으로 모둠을 짤 때, 과제를 내어 줄 때, 문제가 생길 때 어떻게 해야 할지 방법이 떠오를 것입니다.

보통 교사 생각이 앞서서 아이들 경험이나 생각을 살피지 않고 정해 버릴 때가 많지요. 그래서 나중에 교사 뜻대로 되지 않아서 고민에 빠지기도 합니다. 모둠끼리 잘 뭉쳐 문제를 잘 해결했으면 하는 마음은 누구나 갖습니다. 하지만 모둠 해결 문제가 교과 문제 풀이 식이라면 신중해야 합니다. 잘하는 아이들과 못하는 아이들의 개인차를 이겨내지 못할 때가 많기 때문입니다. 빨리 풀려고 이름만 걸어 놓거나, 참여하지 않으려는 친구가 있어 오히려 다툼이 일기도 합니다.

모둠 과제로 무엇을 다룰지도 잘 생각해 봐야 합니다. 보고서 쓰기, 연극 발표, 모둠 토의, 미술 작품 만들기처럼, 모둠 과제를 내더라도 모둠에서 처리할 방법이나 본보기를 자세히 일러 줘야 합니다. 막연하게 모둠에서 알아서 하라고만 하면 서로 갈등하기 쉽지요. 협동학습에서 이끔이, 기록이, 칭찬이, 지킴이를 두고 할 일을 나눠 맡는 것도 좋은 본보기가 될 것입니다. 또한 모둠활동에서 스티커나 사탕 주기, 점수 매기기 따위는 짧은 기간에 아이들을 적극적으로 참여하게 하는 자극제 역할을 하지만 시간이 흐를수록 효과가 떨어집니다. 몸과 마음으로 할 수 있는 활동으로 바꿔 나가며 자기 의지로 할 수 있게 만들어야 합니다. 당근이나 채찍이 아닌 자기 마음의 힘으로 한다는 게 쉬운 일은 아니지요. 점수제가 맞는 아이도 있고, 스티커나 사탕 받기에 더 잘 적응하는 아이도 있습니다. 어느 방법이 아이들에게 맞고, 얼마나 시간이 필요한지 부대끼며 아이들한테서 배워야 할 것들이지요.

그리고 아이들과 마음을 터놓고 이야기할 수 있는 분위기를 마련하는 것도 중요합니다. "모둠 점수가 싫다. 친구 사이만 멀어지게 한다"는 아이에게 "그러넌 앞으로 어떻게 해 볼까?"하고 함께 터놓고 이야기해 보세요. 그리고 아이들 의견이 마음에 들지 않아도 그대로 해 보세요. 또 다른 불만이나 오류가 나오면 또 바꾸면 됩니다. 시행착오를 오래 겪는 것도 좋지는 않지만, 아예 겪지 않는 것도 문제입니다.

아이들이 고민하며 풀어 보도록 기다리는 마음이 필요합니다. 이 과정이 귀찮고 더딜지는 몰라도 이 과정에서 아이들은 좋은 방법을 찾지요. 여러 번에 거쳐 결정된 방법은 아무런 보상이나 자극이 없어도 믿음으로 지킬 것입니다. 이게 초등교육에서 힘써야 할 일이 아닌가 싶습니다. 요즘 아이들이 배우는 게 많아도 제대로 행동하지 않는 것은 이런 과정을 겪지 않고 결론만 머릿속에 담아서 그렇지 않은가 생각해 봅니다.

최진수 경남 함안 대산초 교사

선생님의 고민을 들으니 7년 전 제 모습이 떠오릅니다. 지각하지 않는 모둠, 활동을 빨리 끝내는 모둠을 칭찬해 주었다가 생긴 일입니다. 서로를 원망하는 소리들이 교실에 꽉 찬 건 어쩌면 당연한 일이었는지도 모릅니다. 협동학습에 대해 잘 모른 탓도 컸지만 막연하게 모둠활동을 하면 그게 협동학습이려니 했던 것 같습니다.

협동학습으로 학급을 운영하고자 한다면, 3월부터 왜 협동을 해야 하는지, 협동을 하려면 어떻게 해야 하는지에 대해 안내해야 합니다. 물론 설명만으로는 아이들의 실천을 이끌어 내기 힘드니 직접 활동해 보는 게 필요합니다. 모둠원들끼리 다리를 묶고 함께 달려 보는 것이 좋은 예입니다. 또 의사소통 구조를 적용해 보면서 상처 주는 말 하지 않기, 내 맘대로 모둠을 끌어가지 않기, 차례를 지켜서 이야기하기 들을 해 보는 것도 좋습니다. 아이들이 칭찬이나 격려에 익숙하지 않아 구박하는 일이 생기기도 하니 '맞장구'를 쳐 줄 필요도 있습니다. 친구가 발표한 것(의견이든 작품이든)에 대해 좋다는 표현보다는 '나쁘다'거나 '이런 게 문제다'는 식으로 말하는 아이들이 많기 때문입니다. 그럴 때 바로 "맞아. 나도 그런 적 있어" "네가 하는 말이 무슨 뜻인지 알 것 같아" "네가 말한 대로 꼭 될 거야" "난 네가 할 수 있다고 믿어"라고 시간 날 때마다 연습해 보는 것이 좋습니다.

모둠 평가에 대해서는 다음과 같이 생각해 보세요.

첫째, 반 전체를 위해 협동해야 합니다. 우리 모둠이 잘하기 위해서만이 아니라 우리 반이 잘되기 위해서라는 걸 분명히 해야 합니다. 그러니 모둠 이름을 칠판에 붙이고 그 위에 '우리 모둠 최고' 같은 이름을 붙이는 것은 좋지 않겠지요. 저희 반은 그 자리에 '여럿이 함께'라고 써 놓았습니다.

둘째, 모둠 평가에 대한 자세한 안내가 필요합니다. 이야기를 읽고 느끼거나 생각한 것을 표현하는 시간에 그림책 《엄마를 화나게 하는 10가지 방법》(어린이작가정신)을 읽고 패러디하는 활동을 했습니다. 방법을 설명하고 다음과 같이 평가에 대해 안내했습니다.

"남다른 생각이 있는지를 중요하게 볼 거예요. 개별 활동이기는 하지만 작품이 완성되면 선생님이 읽고 칭찬 도장(늘 그렇듯 한 개에서 세 개)을 찍어 줄 거예요. 도장 수를 합해서 모둠 점수를 매깁니다. 또 아주 잘한 친구에게는 도장 다섯 개를 줄 거예요. 그러니까 내가 잘해서 우리 모둠이 잘될 거라 생각하고 열심히 하세요."

이렇게 되면 도장 다섯 개를 받는 친구가 우리 모둠에 있는 것을 아주 기쁘게 생각하지, 한 개 받는 친구가 있는 것을 못마땅하게 여기지 않습니다. 내가 있어 우리 모둠이 잘되고 우리 모둠이 잘되어 우리 반이 잘되는 것, 그리고 그것에 내가 큰 역할을 하고 있다는 뿌듯함을 심어 준다면 활동을 잘 못하는 아이를 구박하기보다는 내가 더 잘해서 보탬이 되려고 애쓸 것입니다. 또 평가 기준(어떻게 하면 높은 점수를 받을 수 있는지)에 대해서도 자세히 안내하고 다양한 평가 방법을 쓰는 것도 좋습니다.

셋째, 모둠 점수를 줄 것과 주지 말아야 할 것을 구분해야 합니다. 모둠

원들이 힘을 합해서 할 수 있는 활동(예를 들어 좋은 생각 내놓기, 문제 해결하기)에는 모둠 점수를 주고, 못하는 아이들이 두드러질 수 있는 활동에는 모둠 점수를 주지 않는 것이 좋습니다. 또 개인이나 모둠별 향상 점수 제도를 적용해 보는 것도 방법입니다.

넷째, 과정을 놓치지 말아야 합니다. 결과를 중심으로 모둠을 평가하다 보면 눈에 보이지 않는 경쟁이 생길 수 있습니다. 활동을 안내한 다음에는 과제를 해결하면서 어떻게 협동하는지를 둘러보아야 합니다. 둘러보면서 모둠활동을 방해하는 아이나 도움을 주지 못해 아이들이 싫어하는 아이를 격려하고 칭찬하는 것도 필요합니다.

다섯째, 서로 배우고 나누려는 마음이 필요합니다. 아무래도 모둠 점수에 관심이 많은 아이들은 과제를 빨리, 그것도 잘 해결하는 경우가 많습니다. 그럴 때 아직 과제를 해결하지 못한 친구를 돕도록 해 보세요. 물론 잘난 척하며 돕는다거나 대신 해 주는 것은 안 됩니다. 먼저 도움이 필요한지, 어떤 도움이 필요한지 자연스럽게 서로 이야기 나눌 수 있도록 이끌어 주세요.

임연아 경기 시흥 장곡초 교사

고마움도 모르는 아이들, 어떻게 할까요?

아이들에게 스티커를 다 모으면 영화를 보여 준다고 약속했습니다. '선생님과 같이 가면 말을 잘 듣겠지' 하는 마음으로, 약속을 지키기 위해 영화관에 갔습니다. 아이들은 엄청나게 제멋대로 굴더군요. 사람들 앞에서 혼낼 수도 없어 그냥 좋게 타이르며 꾹 참았습니다. 조금 마음이 상해도 모처럼 영화관에 왔으니 뭐라도 먹이고 싶어 팝콘과 콜라를 사 주고 아이들에게 나눠 먹으라고 했습니다. 그런데 아이들은 오히려 팝콘이 모자란다고 삐죽삐죽 입을 내밀더군요. 영화가 끝나고 아이들을 인솔해 학교까지 왔습니다. "고맙습니다"는 말까지는 기대하지 않았지만 "잘 계시라"는 인사는 할 줄 알았습니다.

고마움을 모르는 아이들에게 고마워하는 마음까지 가르쳐야 하나요. 휑하고 삼삼오오 사라지는 아이들 뒷모습을 보고 있자니 참 씁쓸했습니다.

참 섭섭하셨겠어요. 너무나 풍족한 세상, 고마울 게 뭐 있나요? 쌀밥이라도 한번 푸지게 먹어 보는 것이 소원이던 사람들이 지금 모습을 만들었습니다. 먹을 것이든 물건이든 넘쳐 나는 세상에 살게 됐는데, 아이고 어른이고 마음은 이렇게 가난해져 버렸습니다. 40년 전 제 어린 시절, 어린이날 선물로 연필 한 자루를 받고 우리 반 동무들이 얼마나 기쁨에 넘쳤는지 모릅니다. "고맙습니다" 소리가 절로 나왔지요. 필통을 열어 볼 때마다 진하게 잘 써지는 연필이 떠억 누워 있는데 세상을 다 가진 기분이었죠. 사람들은 이런 행복을 영원히 누리고 싶어 온갖 것이 넘쳐 나는 세상을 이루어 놓았습니다.

그렇다고 우리 교사들은 아이들보다 뭐 고마워하는 게 있나요? 컵 씻는 게 귀찮아 날마다 종이컵 쓰지 않나요? 웬만한 건 다 휴지로 닦지요? 글자 하나 오타가 나면 아무 거리낌 없이 A4 종이 다시 뽑고, 3월 초 새 학기가 되면 학교 쓰레기장에 멀쩡한 청소기, 책꽂이 같은 것들이 수북수북 나와 있지 않나요? 극에 달한 상업자본주의를 교사들이 먼저 꿰뚫어 봐야 한다고 말씀드리고 싶습니다. 넘쳐 나는 세상에서 어떻게 고마워하는 마음을 갖는지 아이들에게 가르쳐야 한다고 생각합니다. 어떻게요? 몸으로 보이는 방법이 가장 좋지요.

아이들이 학급생활에 관심을 갖게 하려고 많은 선생님들이 '스티커 요법'을 씁니다. 저는 처음에 선생님이 상품을 내걸 때, 이 상품 속에 들어 있는 선생님의 정성을 보여 줬어야 하지 않나 싶어요.

"나는 영화를 참 좋아하거든. 좋아하는 사람과 함께 보면 더 좋지. 그래서 자기 삶을 잘 가꾼 사람들(스티커를 잘 모은)과 함께 영화를 보고 싶어."

"우와 좋아요, 좋아. 선생님 진짜죠?"

"그러엄. 내 용돈을 아껴서 잘 모아 뒀다가 너희들한테 쏠 거야. 스티커 모은 사람이 많이 나오면 안 될 건데. 이러다 나 거덜 나는 거 아냐?"

이렇게 아이들과 이야기를 나누는 모습을 상상해 봅니다.

저도 반 아이들에게 먹을 것을 상품으로 주곤 합니다. 설탕과 인공색소가 들어 있지 않은 완두콩만한 사탕입니다. 아이들에게 너희들 몸 생각하면서 사탕 구하느라 선생님이 애썼다고, 자화자찬하면서 줍니다. 제가 입에 넣어 주는 이 사탕에 아이들은 넘어 갑니다. 좀 큰일에는 우리밀 라면이랑 우리밀 과자를 줍니다. 우리밀을 먹어야 하는 이유와 좀 비싸지만 지금 우리는 적게 먹어야 하고 우리 종자를 지키는 일을 하고 있다고 이야기하지요. 아이들 자부심이 대단해요. 다 학급운영비로 마련하는데도 아이들은 일기장에 "우리 선생님은 참 우리를 생각한다, 우리나라를 사랑하는 사람이다, 참 고마운 선생님이다. 나도 우리밀을 지키는 사람이 되어야겠다, 선생님 이거 어디 가면 살 수 있어요?"하고 말합니다.

모든 것이 너무 흔한 세상, 우리 교사는 아이들에게 궁상을 떨어야 합니다. 그 궁상을 어떻게 떨어야 할 것인지는 《녹색평론》과 같은 책을 읽으며 산업혁명 이후로 지구가 어떤 수난을 겪고 있는지 공부하는 것도 좋을 듯합니다.

이데레사 부산 해송초 교사

교실에서 아이들과 같이 지낼 때 '뭐 이런 아이들이 다 있지?' 할 때가 여러 번 있지요. 반 아이를 불러 무엇인가를 부탁하면 "그거 하면 뭐해 주실 건데요?"라며 눈을 동그랗게 뜨고 쳐다볼 때, 부탁할 마음이 싹 달아나기도 합니다. 또 한 번은 급식을 먹고 있는데, 제 급식판을 가리키며 "선생님 저 이거 주시면 안 돼요?" 할 때, 어쩌겠어요? "안 되는데, 나도 먹어야 하거든" 하며 물끄러미 아이 얼굴을 바라볼 수밖에요.

아이들이 이렇습니다.

요즘에는 순수한 마음으로 남을 위해 뭘 한다는 것 자체를 억울하게 받아들이는 아이들이 생각보다 많습니다. 아이들이 이렇게 된 데는 어른들 탓이 크겠지요. 공부 잘하면 자전거를, 시험에 합격하면 휴대전화를, 상을 타면 엠피쓰리 플레이어를 사 주겠다고 약속하는 부모들도 많습니다. 부모들이 아이들과 함께 하면서 이끌어 주고 격려해 줘야 하는 일에 조건을 붙여 물질로 해결하려고 듭니다. 손쉽고도 효과 있는 방법이지요. 그런 방법에 익숙해지면 공부도, 심부름도, 심지어 자기가 꼭 해야 할 일까지 조건을 내거는 아이들이 생겨나곤 합니다.

학교에서도 교사들이 '강화'나 '선의의 경쟁' 수단으로 아이들에게 온갖 조건을 붙입니다. 스티커가 그 좋은 예입니다. 스티커, 쿠폰, 달란트 같은 미끼로 아이들의 학습과 생활을 통제하려고 듭니다. 저는 이런 스티커나 쿠폰 제도를 될 수 있으면 안 하는 게 좋다고 생각합니다. 어쩔 수 없이 꼭 해야만 한다면 아주 신중하게 적용해야 하겠지요.

아이들과 같이 영화를 보러간 선생님! 아이들이 얼마나 기대하고 좋아했을까요? 아이들만큼 선생님도 마음 설레며 기대했을 거예요. 그런데 아이들 행동에 실망하셨다지요?

그런데 선생님! 아이들에게 스티커를 다 모으면 영화를 보여 주겠다고 약속한 것은 선생님입니다. 그래서 아이들은 선생님과 함께 영화를 보러 가는 기대를 가지고 스티커 모으는 일에 열심이었고 마침내 다 모았습니다. 다 모은 이 아이들에게 선생님이 영화를 보여 주는 건 당연한 일이 됩니다. 선생님이 아이들과 한 약속을 지킨 것이지요. 당연하게 받아들이는 것에 대해서 아이들이 고마워하지 않는다고 서운해해야 할까요?

고마움이 들 때는 누군가에게 뜻하지 않게 도움을 받거나 은혜를 입었을 때잖아요. 물론 고마운 일의 정도가 다르겠지만요. 당연히 받을 것을 받았다고 아이들은 생각했을 것입니다.

인사 한마디 없이 휑하니 돌아가 버린 아이들의 뒷모습을 보고 선생님 마음 한구석이 어땠을지 짐작이 갑니다. 그렇지만 선생님이 먼저 마음을 표현했다면 어땠을까요?

"애들아, 너희들 덕분에 나도 영화 한 편 잘 봤어. 고마워. 그런데 너희들 오늘 조금만 더 잘해 줬더라면 훨씬 행복했을 텐데 말야. 아무튼 오늘 나랑 영화 본 거 일기장에 꼭 적어라. 오늘은 아주 중요한 날이니까."

뭐 이렇게라도 말이지요.

남을 배려하고 다른 사람을 이해하고 존중하는 마음은 배워야 하고 또 가르쳐야 할 일이지요. 그런 마음을 도덕 시간에, 혹은 교훈처럼 가르쳐야 하는 건 아니라고 봅니다. 생활하는 가운데 몸으로 보여 줄 수도 있고 상황에 따라 진지하게 일러 줘야 할 때도 있지요.

기회가 되면 선생님이 느꼈던 속마음을 아이들에게 먼저 얘기해 주는 게 좋을 것 같습니다. 아이들은 충분히 받아들일 수 있을 거예요. 표현은 안 했지만 그날 아이들은 선생님과 함께 한 시간을 누구보다 소중하게 여기고 있을 테니까요.

주순영 강원 삼척 정라초 교사

아이들이
전담 교사라고
얕봅니다

3월에 발령 받은 초임 교사입니다. 영어 전담을 맡아 3학년 열두 반 아이들을 모두 가르치고 있는데, 처음 만난 아이들이라서 그런지 정을 듬뿍 주려고 노력하고 있습니다. 특히 부진아로 낙인찍힌 아이들에게 좀 더 세심히 배려하려 노력하고 있습니다. 그런데 전담 교사라고 얕보는 걸까요? 아이들은 칠판에 제 욕을 써 놓고 도망가고, 제 물건을 마음대로 가져가 장난을 칩니다. 심지어 성적인 발언도 서슴지 않는 행동을 하니, 초임인 저로서는 감당하기 힘듭니다. 이런 일이 되풀이되다 보니 잘해 줘야겠다는 첫 마음은 사라지고 아이들이 무슨 일만 저지르면 벌부터 세우게 되었습니다. 오늘은 짓궂게 장난친 아이를 혼내 줬더니 급기야 울음을 터트리고 마네요.

어떻게 해야 첫 마음으로 돌아가 아이들에게 정을 듬뿍 줄 수 있을까요?

아이들이 많은 관심을 표하며 선생님을 좋아하고 있는 것 같습니다. 저는 아이들이 보이는 이 모든 언행이 선생님에 대한 관심에서 출발한 것이라고 믿습니다. 아이들과 선생님의 관계는 '처음처럼' 오래 지속되어야 하므로, 뜨겁게 사랑하고 아이들에게 정을 듬뿍 주는 것이 필요하지만, 일종의 '전략'도 필요합니다.

수업에서 교사가 분위기를 띄우거나 가라앉히는 기술을 적절히 구사해야 하듯이, 때로는 아이들 모두에게 칭찬과 사랑의 말을 많이 해 주다가도 어느새 분위기가 너무 좋아져 장난이나 바르지 못한 언행이 속출할 때는 분위기를 냉각시켜야 합니다. 속도감 있고 동적인 활동을 할 때는 몇몇 아이들이 딴 짓을 해도 허용하는 것이 좋습니다.

문제는 주로 본격적으로 수업에 들어가기 전이나 활동을 정리하려 할 때이지요. 특히 앞 시간이나 쉬는 시간에 미처 발산하지 못한 아이들의 욕구는 어수선한 분위기에서 수업을 시작하려 하는 전담 교사를 힘들게 합니다. 담임교사가 분위기를 차분하게 가라앉히고 진행하는 경우도 있지만, 대체로 수업을 제대로 따라 가지 못하는 아이들이나 영어 학습에 대한 자신감이 넘쳐서 과도하게 자신을 드러내려 하거나 교사의 관심을 독점하려는 아이들이 장난을 많이 치지요. 이런 유형의 아이들에게는 특정한 임무를 맡기는 게 어떨까요? 칠판을 닦게 하거나 유인물을 나눠 주도록 하거나 학습 능력이 뒤처지는 아이들의 도우미를 맡도록 하는 것도 좋겠지요. 무리 속에 섞여서 여러 아이들이 동시에 바람직하지 못한 언행을 할 때는 대표격인 아이를 얼마간 떼어 놓는 것이 좋습니다.

일단 그대로 두어서는 제대로 수업을 진행할 수 없을 정도일 때는 짓궂게 장난을 치는 아이들의 이름을 한 명씩 부르면서 교사인 ‘나’의 지금 기분을 솔직하게 말하세요. 단, 수업 중에는 칠판에 낙서를 하거나 물건을 만지거나 성적인 말을 한다 해도 일단 무시하는 것이 좋습니다. 5~10분 정도 한 단위 학습활동을 마친 뒤 바람직하지 못한 언행을 하는 아이들을 한 명씩 불러 학습활동에 관한 것이나 개인적인 질문을 해 보세요. 아이의 대답이 맞거나 틀리거나 상관없이 아이의 대답을 우선 들어 줍니다.

수업 끝나고 아이를 따로 불러 연구실이나 운동장, 또는 조용한 곳에서 아이의 장점을 반드시 하나라도 찾아서 칭찬도 해 보세요. 그런 뒤 선생님이 바라는 점을 한 가지만 당부합니다. 물론 이런 방법으로 단번에 아이들의 잘못된 언행이 고쳐질 거라고 섣부르게 기대해서는 안 되겠지요. 한 학기가 걸릴 수도 있다는 느긋한 마음가짐이 필요합니다. 이때 담임교사의 도움을 얻는 것 또한 굉장히 중요합니다. 인성교육의 측면에서 볼 때 있는 그대로 수업 중 아이들의 행동에 관한 정보를 교환하고 담임교사와 함께 해결책을 모색하는 것은 바람직합니다.

3, 4학년 아이들이 욕을 하거나 성적인 발언을 할 때(그 의미를 정확하게 모르고 쓰더라도) 교사는 단호히 대처하는 게 좋습니다. 교사가 바라는 것은 욕이 아닌 사랑과 칭찬의 말이라는 점을 때때로 이야기해 주세요. 선생님과 다른 아이들이 느끼는 감정을 솔직하고 차분하게 이야기하는 것이 좋을 듯합니다.

"나는 정우가 그런 말을 칠판에 써 놓은 것을 보면서 참 실망했어."

"봄이가 한 말 때문에 선생님이 봄이 반을 점점 싫어하면 어떡하지? 난 봄이 반과 함께 수업하는 것이 참 좋은데."

수업을 시작하면서 어떤 것은 되고, 어떤 것은 허용되지 않는지를 분명히 밝히는 건 어떨까요? 교사인 내가 바라볼 때 수업에서 아이들이 하는 바람직한 언행과 그렇지 못한 언행을 소개하는 것도 좋겠지요. 또 아이가 바람직한 변화를 보일 때는 지체 없이 칭찬해 줘야 합니다.

"기훈이가 오늘은 전혀 장난치지 않고 열심히 영어 공부를 해서 선생님은 참 기쁘구나."

"상미는 지난번에 선생님을 뒤에서 몰래 때리고 도망가기도 했는데, 오늘은 반갑게 선생님께 인사를 하더구나."

마지막으로 수업을 시작하면서 모두 열심히 영어 공부를 해서 영어 노래를 모둠별로 돌아가며 잘 부르게 되면 교사는 아이들에게 무엇을 해 준다든지, 아이들이 수업 중에 필요 이상으로 장난을 치거나 바르지 못한 언행을 했을 때는 교사가 학급의 아이들에게 구체적으로 어떤 벌을 주겠다고 약속해 보세요. 아이들은 수업 시간에 자신들이 한 언행이 수업 후에 어떤 결과를 낳는지 체감할 수 있을 것입니다.

교실이 즐거울수록 학습에 대한 심리적인 저항감이 줄고 학습에 몰입할 수 있다고 합니다. 즐거운 교실은 교사만의 노력으로 이루어지지 않는다는 점을 아이들에게 설득시키는 일은 어렵지만 중요한 일입니다.

김해진 경남 김해 한림초 교사

아이들이 마음 놓고 속내를 드러내는 겁니다

선생님이 꼭 초임 교사여서 그런 것은 아닙니다. 교직 경력이 20년이 넘고, 학부모보다 나이가 더 많은 저도 선생님과 같은 일을 겪곤 합니다. 그때마다 저도 실망하고 분노했던 기억을 되새겨 보면, 초임인 선생님의 실망이 얼마나 컸을지 짐작이 갑니다.

그 아이들이 담임을 대하는 태도는 또 매우 다르지 않나요? 이런 모습을 볼 때마다 교사도 인간이기에 배신감이 불쑥불쑥 솟아나기도 합니다. 저도 그랬으니까요.

이런 상황에서 아이들과 계속 싸우다 보면 실망은 커지고 사이는 더욱 멀어지게 됩니다. 이럴 때는 아이들이 담임교사를 대하는 태도와 교과 전담 교사를 대하는 태도가 다르다는 것을, 다를 수밖에 없는 아이들의 현실을 먼저 인정해야 상처를 덜 받습니다. 이런 상황은 선생님 잘못이라기보다는 우리 교육이 처한 문제라고 생각합니다.

우리 교육이 어찌 이리 됐는지, 높은 학년으로 올라갈수록 아이들에게 느는 것은 오로지 눈치와 약삭빠름뿐입니다. 아이들은 어른들의 모습을 그대로 보고 배우며 행동하지요. 약한 사람에게는 함부로 대하고 강한 사람에게는 눈치 보고 비굴하게 행동하는 모습이라든지, 늘 보는 사람한테는 예의를 갖추지만 가끔 보거나 몇 번 보고 말 사람들에게는 예의 없이 대하는 모습을 보게 됩니다. 아이들은 바로 그런 모습을 고스란히 닮고 있는 것이지요.

또 하나, 요즘 아이들의 마음이 그만큼 억눌려 있다는 증거이기도 합니다. 아이들 마음이 아프다는 다른 표현이기도 하지요. 억압된 욕구를 풀수 있는 기회가 없다 보니, 선생님께만은 마음 놓고 자기 속내를 드러낼수 있는 것이지요. 아이들은 아무에게나 속마음을 드러내지 않습니다. 결국 아이들의 이런 행동은 선생님께 말을 걸고 싶은 마음을 그릇된 방법으로 표현한 셈이지요.

그렇다고 아이들의 무례한 행동을 보고 그냥 내버려 두어서는 안 되겠지요. 아이들의 무례한 행동에 대해 선생님의 생각을 드러내야 합니다. "너희들이 어떻게 나한테 그럴 수 있어?"라는 감정 섞인 말보다는 "너희들이 욕을 한 것을 보고 선생님을 무시하는구나 생각했어. 너희들은 왜 그랬니?" "무시하는 것은 아니었어? 선생님이 편했다고? 그럼 욕을 쓰지 말고 하고 싶은 이야기를 솔직하게 써 보렴. '이야기하고 싶어요' '뒤돌아서 봐 주세요' 이런 식으로 말이야"라는 말이 아이들과의 관계에 좋습니다.

아이들이 어떻게 선생님을 대하더라도 아이들을 향한 선생님의 열정과 사랑은 절대로 포기하지 마세요. 당장 힘들고 아이들이 몰라주더라도 아이들 앞에서 열심인 모습으로 하루하루 1년을 보내고 나면, 아이들이 깨닫습니다. '선생님은 우리를 사랑하셔서 열심히 가르치려 하셨구나' 하면서 자신들의 잘못을 깨닫습니다. 선생님도 나중에 1년을 돌이켜보면, 아이들이 말 잘 듣고 별일 없이 보낼 때보다 아이들과 힘들게 보냈던 때가 교사로서 더 많이 배우고 성숙해졌다는 것을 알 수 있을 것입니다.

마지막으로, 단 한 번에 아이들을 쏙 빨려들게 하고 예의를 갖추게 하는 방법은 세상 어디에도 없다는 것을 명심하셔야 합니다. 그저 편하게 아이들을 다스리는 교육은 결국 잘못될 수밖에 없고, 올바른 교육은 늘 고민에 휩싸인 채 아이들과 힘겨운 줄다리기를 하는 가운데 이루어집니다. 교육의 길은 경력이 많이 쌓였다고 해서 결코 쉬워지는 것 같지는 않습니다. 선생님은 지금 잘하고 계신 겁니다. 힘내세요.

이부영 경기 단월초 교사

- 처음 맡은 1학년, 아무도 제 말을 듣지 않습니다

- 발표 훈련이 아이들을 기계적으로 만드는 듯합니다

- 그리기 지도, 어떻게 할까요?

- 일기 쓰기, 과연 효과적인 교육활동인가요?

- 체육을 싫어하는 아이가 있습니다

- 빈칸 채우기 문제가 너무 많습니다

- 아이들이 학원에서 다 배웠답니다

- 학급운영과 교과지도, 모두 잘할 수 없나요?

처음 맡은 1학년,
아무도
제 말을 듣지 않습니다

3년차 교사입니다. 지난해 1학년을 맡았는데 생각보다 너무 힘이 들었습니다. 한번은 아이들 사진을 찍어 주려고 운동장에 데리고 나갔어요. 그런데 아이들이 뿔뿔이 흩어져서는 아무리 해도 모이지 않았습니다. 한 시간이나 애쓰다가 결국 보다 못한 옆 반 선생님의 도움으로 겨우 아이들을 모을 수 있었습니다.

아무리 해도 내 뜻대로 안 되고, 말도 통하지 않는 1학년 아이들에게 가끔은 의도와는 다르게 매도 들고, "유치원으로 돌아가라"고 소리도 지르게 됩니다. 대학에서 4년 동안 아이들에 대해 공부했는데 이렇게밖에 못하다니 정말 속이 상합니다.

어떻게 해야 할까요?

저는 교육 경력 10년이 될 때까지 1학년 담임을 맡지 않았습니다. 그 정도로 1학년이 두려웠거든요. 그러나 지금은 정말 매력 있는 학년이라고 생각합니다.

왜 유독 1학년이 힘들게 느껴질까요? 1학년에게는 가장 쉬운 통제 방법인 교사의 권위가 쉽게 먹혀들지 않아서인 것 같습니다. 제가 1학년에게 매력을 느낀 것은 바로 이런 이유입니다. 다른 학년보다 더 순리대로, 원칙적으로 인내하며 정말 교육적 관점을 갖고 지도해야 아이들이 따라오니까요. 그래서 1학년을 맡으면, 내 교육관 전체를 다시 점검해 보는 소중한 시간, 소중한 경험이 됩니다.

먼저 1학년 교사가 사용하는 용어는 아주 자세하고 정확해야 합니다. 아이들과 교사는 경험의 폭이 다르기 때문에 대충 말해서는 해석이 전혀 달라질 수 있습니다. 저도 교사지만 가끔 아들의 알림장을 볼 때 준비물을 이해하지 못할 때가 있습니다. 가령 유리병을 가져오라고 했으면 선생님 머릿속에는 원하는 유리병의 모습이 있을 것입니다. 그러나 학부모는 어떤 유리병을 보내야 할지, 크기와 모양을 고민하게 됩니다. 그러므로 선생님은 자세히 보여 주고 어떤 활동에 필요한지를 설명해 주셔야 하지요.

아이들에게 "네 줄로 서 보세요"하고 아무리 말해도 아이들은 서지 않습니다. 우리 반 친구들은 '삐삐, 삐삐삐' 하는 호루라기 소리를 들으면 "1반 모여라"하고 외치며 선생님 앞으로 모이기로 약속했습니다. 처음에는 아이들을 한 줄로 세우고 앞에서부터 "1, 2, 1, 2"하고 번호를 붙여 줍니다. 선생님이 손가락 2개를 보여 주며 "두 줄!"이라고 말하면, 아이들도 "두 줄"하고 따라하며 줄에서 2번의 아이들만 바로 앞 친구의 오른쪽으로 가서 두 줄을 만듭니다. 같은 방법으로 네 줄을 만들 수도 있고 다시 두 줄로 돌아올 수도 있습니다. 운동장 곳곳을 함께 구경하다 선생님의 말과 손 신호에 맞춰 줄을 서는 게임을 20분 정도만 연습하면 아이들은 언제 어디서나 필요할 때 바로 줄을 설 수 있습니다.

학급운영에서도 마찬가지입니다. 불필요하게 소모되는 시간을 줄이려면 아주 자세하게 아이들의 언어로 설명해 주어야 합니다. 정확하게 내용과 상황을 이해하면 1학년은 높은 학년보다도 학급 규칙과 약속을 철저히 지킵니다. 아이들이 내 말을 안 듣는다고 생각될 때면, 내가 아이들이 이해하기 힘든 추상적인 말을 하고 있는 것은 아닌지 먼저 반성해 봐야 합니다.

또 같은 학년 선생님들께 자주 물어보는 것도 필요합니다. 책이나 대학에서 배운 것은 '이론'입니다. 실제 경험에서 나온 아이디어는 어떤 교육 이론보다 유용할 때가 많답니다.

"선생님 반 아이들은 쉬는 시간에 무얼 하나요?"

"아까 운동장에서 아이들이 하던 놀이가 어떤 거예요?"

"아이들을 복도에서 뛰지 않게 하려면 어떻게 해야 하지요?"

이런저런 궁금증을 자존심 세우지 말고 많이 물어보세요. 아이디어를 많이 수집하고 그 가운데 내 교육관에 맞는 방법들을 골라서 사용하면 되니까요. 아이디어가 많으면 나중에는 이것저것을 섞어 더 좋은 아이디어를 만들 수도 있답니다.

이영주 서울 묵동초 교사

초임 교사 때, 수없는 좌절감을 맛보게 했던 1학년 아이들, 그 아이들을 제 나이 마흔이 되어 다시 만나게 되었습니다. 이번에는 좀 더 쉽게 만났죠. 이유가 무엇일까, 곰곰이 생각해 보니 아이를 낳고 키우면서 많은 것을 느꼈던 듯합니다. 그 시기를 거치며 이전에 아이들을 보던 시선이 얼마나 잘못되었는지 깨달았습니다. 결국 모든 문제가 여기서 생겨난 게 아닐까 싶더군요.

우리 교사들이 쓰는 말은 너무 추상적이고 어른 위주입니다. 일의 양이나 학습량도 모두 어른 중심이죠. 아이들을 대할 때, 느긋하게 기다려 주는 것이 가장 중요하다고 생각을 정리하고 나니 여유가 생겼습니다. '요 녀석들 사람 한번 만들어 보자'는 당치 않은 목표를 바꾸어, 아이들과 함께 행복해지기를 목표로 삼으면서 전 조금씩 이 딜레마 상황에서 벗어날 수 있었습니다.

선생님의 이야기를 접하면서 초임 시절 1학년을 맡았을 때의 몇몇 장면이 떠올랐습니다.

"애들아, 오늘 선생님이랑 학교 꽃밭에 어떤 꽃이 피었나 보러 가자"하면서 발걸음도 가볍게 교실 문을 나서는데, 아이들은 신발장 앞에 층층이 포개져서 아비규환이었죠. 저는 신발장 앞에서 깨달았습니다. 제 말이 1학년 아이들에게 너무 난해한 기호라는 사실을 말이죠.

1학년 아이들은 자기 앞만 바라볼 뿐 상대적으로 공간 감각이 부족합니다. 그래서 다른 사람이 신발을 꺼내고 있어도, 내 신발을 꺼내야겠다는 생각이 앞서, 여럿이 그 좁은 공간에서 한꺼번에 신발을 꺼내 신을 수 없다는 생각은 좀처럼 하지 못하죠. 처음에는 "이 녀석들, 왜 이렇게 질서가 없냐. 차례차례 기다려야지"하며 호통도 치고 벌도 세웠는데, 나중에서야 이것이 도덕적으로 나무랄 문제가 아니라 교사가 배려해야 하는 일임을 알게 되었답니다.

이러한 상대적 공간감은 달리기를 할 때도 잘 드러납니다. 늑목과 축구 골대를 목표 지점으로 놓고 거기까지 달려갔다오라고 하면, 아이들 모두 첫 아이가 짚었던 자리로 다 몰려가 엉켜 버리죠. 이 줄의 아이들은 늑목을, 저 줄의 아이들은 축구 골대를 돌고 오라고 자세히 정해 주어야 합니다. 운동장에 나갈 때도, 교실 앞에 줄을 서라고만 하면 아이들은 제멋대로 해석합니다. "선생님 오른손 쪽엔 남자, 왼손 쪽에 여자들이 한 줄로 서는 거야"하는 식으로 구체적이어야 합니다. 이 같은 지시어 쓰기는 결국 아이들의 감각 수준에 눈을 맞추는 한 방법이 될 수 있습니다.

또, 1학년 아이들과 살다 보면 정말 많은 말을 하게 됩니다. 아이들은 끊임없이 묻고, 확인해 주길 바라고, 때로는 일러바치기도 하죠. 이런 아이들에게 종일 시달리다 보면, "이르는 사람이 더 나빠"하는 식으로 자신도 모르게 정말 할 말이 있는 아이의 말문까지 막아 버릴 때도 있고, "선생님은 아무 대답도 안 해 줄 거야"하며 침묵시위를 하기도 하죠. 그런다고 가만있을 아이들이 아니죠. 치마고 가슴팍이고 매달리면서 끝내 자기들이 하고 싶은 말을 합니다. 그러면 교사들은 '아 정말 그만 말하고 싶다' 하며 누워 버리고 싶은 심정이 되죠.

“선생님 이거 해야 해요?” “선생님 화장실 갔다 와도 돼요?” 시간마다 40명이 제 코앞에 와서 똑같이 묻습니다. 아이들은 그렇게 자기 존재를 알리고 싶은가 봐요. 왠지 모를 불안함에 자기 존재를 확인하고 싶은 아이들에게는 그렇게 한 번씩 존재를 확인해 주고 넘어가는 수밖에 없습니다. 특히 “이렇게 하는 게 맞아요?”라고 물을 때는 은근히 자랑하고 싶은 마음도 있어서, 아이의 작업도 확인해 주고 자랑할 기회도 주는 것이 좋겠습니다.

박지희 서울 창도초 교사

발표 훈련이
아이들을
기계적으로 만드는 듯합니다

이제 막 6년차에 접어든 교사입니다. 대학 시절 교육실습 때부터 보고 배운 방법을 활용하고 있습니다. 예를 들어 종을 한 번 치면 "바른 자세"하며 모든 아이들이 앉습니다. 발표할 때는 "제가 발표하겠습니다"라는 말을 한 뒤 답하게 하고, 발표가 끝나면 모든 아이들이 "잘했어, 짝짝(손뼉)"을 합니다. 많은 선생님들이 이렇게 일제히 호응하는 방법을 아이들의 주의 환기, 활발한 발표 분위기 조성 등을 위해서 활용하고 있습니다.

그런데 저는 요즘 이 방법들이 교육적인 의도보다는 남들에게 보이기 위한 과장된 훈련이라는 생각이 듭니다. 오히려 아이들을 기계적이고 수동적으로 만드는 것은 아닌지 의문스럽기도 하고요. 물론 학습 훈련이나 발표 훈련은 인원이 많은 학급에서 필요할 수도 있다지만, 아이들의 인격과 자율성을 해치지 않는 범위에서 이루어져야 하는 게 아닐까요?

먼저 이런 고민을 하고 바꾸어 보려는 뜻이 참 좋네요. 차근차근 한번 생각해 봅시다. 보통 활동 규칙에는 선생님들 나름대로 아이들을 집중시키기 위한 뜻이 담겨 있습니다. 말을 해서 잘 듣지 않으니 '효과음'이나 '도구'로 아이들의 눈길을 끄는 것인데, 이것도 며칠 지나면 면역이 되어 흐지부지해지곤 하죠. 오히려 효과음과 도구 소리 때문에 교실만 시끄러워지기도 합니다.

활동 규칙을 처음 만들 때, 더디더라도 아이들과 함께 만들었으면 합니다. "시끄러울 때 어떻게 할까? 모둠활동을 빨리 마쳤을 때는 어떻게 할까?" 아이들과 함께 머리를 모아 방법을 생각하는 시간은 1년을 함께 살아가는 사람으로 서로 존중하며 지내보자는 뜻입니다. 이렇게 해서 결국 규칙이 종소리로 정해지더라도 그 과정을 겪은 것과 겪지 않는 것에는 차이가 있겠지요.

다음으로 관심과 집중을 위해 '종' '지휘봉'과 같은 도구는 쓰지 않았으면 합니다. 말이나 행동, 손짓, 몸짓이 교육적으로 훨씬 낫다고 생각합니다. 예전에 저도 도구를 사용한 적이 있었는데, 왠지 사람이 아닌 짐승을 다루는 것 같아 마음 한구석이 찜찜했습니다.

지금은 집중을 위해 조용해질 때까지 저는 가만히 있어요. 아무 말 없이 가만히 서 있으면 3분도 지나지 않아 아이들은 저를 쳐다봅니다. "듣지 않는 말은 말할 필요가 없다"고 말하고 아이들 눈만 보고 있지요. 아이들이 들으려고 하면 그때 말을 잇습니다. 처음에는 답답하고, 화도 났지만 오히려 기다리다 보면 제 마음도 다스려지는 것 같아 좋았습니다. 그리고 아이들의 반응을 지켜보는 것도 재미있었고요. 조금 소란스러운 정도는 교사가 받아들여야 하지 않을까요?

아이들이 발표를 한 뒤 "잘했어요, 짝짝" 하는 것도 사실 마음에서 우러난 것이 아니라 조건반사적으로 나온 칭찬이기 때문에 껄끄럽지요? 저도 그렇게 생각합니다. 물론 아이들에게 칭찬해 주는 것은 교육적으로 좋은 효과를 가져오지만 무조건적인 칭찬은 여기에 해당되지 않는다고 봅니다. 발표를 하고 나서 손뼉을 쳐 주는 것은 발표 내용보다는 발표 자체에 대한 보답과 격려 차원이겠지요. 그러나 발표 내용에 대한 아이들 나름대로의 반응이 없으면 교과 학습 목표에 다가서지 못합니다.

모둠별로 번호를 정해 '오늘은 몇 번이 동무들이 발표한 것을 칭찬한다'고 정하는 방법도 좋습니다.

예를 들어 "○○가 쓰레기를 줄이는 방법으로 용돈을 아껴 쓰자고 말했습니다. 사야 할 물건이나 과자를 덜 사 먹으면 쓰레기가 안 나올 것이라는 ○○의 말이 새롭고 재미있어서 좋았습니다"라고 칭찬해 주는 것입니다. 이런 방법을 익히기까지는 참 힘들겠지요. 처음에는 할 말이 없어서 어려움을 겪겠지만 차근차근 몇 달을 보내다 보면 발표 능력이 눈에 띄게 좋아집니다. 무엇보다 칭찬해 주는 말보다 칭찬해 주려고 열심히 듣는 분위기가 조성됩니다. 잘 들어야 자세히 말할 수 있잖아요. 훈련보다는 잘 들으려는 마음을 갖게 하는 것이 중요합니다.

최진수 경남 함안 대산초 교사

같은 학년 선생님들과 함께 선생님의 고민을 나누었습니다. 선생님들과 나눈 이야기와 제 생각을 정리하면 이렇습니다.

우선 교실에서 말하기 훈련이나 집중을 위한 약속은 필요합니다. 국어 교과서에서는 1학년 1학기 첫째 마당부터 말하기와 듣기의 바른 자세를 가르치도록 하고 있고, 실제 수업에서도 잘 듣는 아이가 말도 잘하는 것을 알 수 있습니다.

하지만 아이들이 스스럼없이 자기 말을 할 수 있는 것은 '어떻게 말하는가' 하는 방법적인 문제보다 '무엇을 말하게 하는가' 하는 내용의 문제라고 봅니다. 높은 학년으로 갈수록 말하는 횟수도 줄고 말하기를 즐겨 하는 아이들도 몇 되지 않습니다. 왜 그럴까요?

여러 이유가 있겠지만 평소 이야기하는 방식과 달리 표준어를 사용해야 하고 틀리면 어쩌나 하는 불안감, 실패했던 경험 때문이 아닐까 싶습니다. 똑같은 방법으로 문제를 읽고 대답하게 하는 교과서 체제도 한몫을 하고 있습니다. 이런 상황에서 좀 더 활발하고 자신감 있게 발표할 수 있는 분위기와 수업 방법을 고민하고 실천하는 것은 교사의 몫이라고 생각합니다.

공개 수업이나 시범 수업을 보면, 선생님 말씀처럼 미리 정해 놓고 발표하는 경우가 많습니다. 그런 수업이 학습 훈련이 잘된 수업으로 평가받기도 하고요. 저희 학교에서도 여섯 번 공개 수업에서 두 분을 제외하고 모든 선생님들이 기발한 발표 훈련을 선보였습니다. 하지만 일상 수업에서 같은 방법을 쓴다는 선생님은 한 분밖에 없었습니다. 공개 수업이니까 남들에게 보여 주는 것을 의식해서 이런 방법이 나올 수밖에 없다고 했습니다.

그러나 통제된 훈련 연습으로 말하기, 듣기 능력을 기르기보다는, 말하기를 통해 친밀한 관계를 맺고, 제대로 듣고 제때 말하기를 할 수 있는 공부가 중요하다고 생각합니다.

먼저 듣기의 즐거움을 경험하게 하면 말하기는 저절로 익힐 수 있습니다. 옛이야기나 동화, 그림책을 들려줄 때, 아이들은 숨도 쉬지 않고 이야기에 빨려 듭니다. 등장인물을 초대하여 인터뷰를 하거나 정지 동작으로 인물을 표현하면서, 아이들은 자기 생각을 말로 표현하는 즐거운 경험을 하게 되며, 말하기에 자신감을 갖게 됩니다. 이때 학년에 따라 낙서하며 듣기, 질문 만들기, 교사의 질문에 대답하기, 상상하여 말하기 같이 다양한 방법들을 활용합니다. 그러면 아이들이 이야기의 내용을 좀 더 쉽게 이해하고 듣는 것을 즐깁니다.

또 말하기 전에는 일어나서 3초 정도 친구들을 봅니다. 이때 보지 않는 친구나 떠드는 친구가 있으면 아주 정답게 이름을 불러 줍니다. 그러면 자연스럽게 말하는 사람을 보게 됩니다. 무엇보다 중요한 것은 수업의 주체가 아이들이 될 때 교사가 조금만 길을 열어 두어도 아이들은 스스럼없이 말하고 즐거워한다는 것입니다. 그런 수업이 되기 위해 아이들의 이해와 흥미와 욕구를 불러일으키는 내용을 고민하며, 수업을 통해 진정한 만남을 꿈꾸는 교사의 실천과 진지한 탐구가 늘 있어야겠지요. 이런 탐구를 위해 참고할 책과 자료를 알려드립니다.

국어 교육의 길 김수업, 나라말

듣기 교육 매리 언더우드, 나라말

주목받는 아이는 말하는 것부터 다르다 윤채현, 북하우스

수업을 왜 하지? 서근원, 우리교육

전국국어교사모임 누리집

www.naramal.or.kr▶지역자료실 – 충남모임▶2005년 겨울연수 자료집

최은경 경기 군포 곡란초 교사

그리기 지도,
어떻세 할까요?

그리기 지도가 어렵습니다. 다른 학년을 맡았을 때는 이미 학습된 거라고 생각했기에 별다른 지도를 해야 한다는 생각을 못했던 것 같습니다. 또 미술이 아이들의 표현이라 위로하며 내버려두었습니다. 그런데 지금 1학년 아이들의 경우, 그림 수준이 지나치게 떨어집니다. 사람을 모두 로봇으로 그려 놓고, 아무리 크게 그려 보자고, 주인공은 커야 한다고 말해도 다 손가락만큼 작게 그립니다. 색칠을 꼼꼼하게 했으면 싶어서 매번 이야기하는데도 색을 칠하는 둥 마는 둥 합니다. 여기까지 이야기하고 나면, 이미 그리기 주제는 오간데없고, 쉴 새 없이 아이들 그림에 대해 이야기하며 걱정하는 저도 지쳐서, 결국 그냥 시간을 보냅니다. 그리기 지도, 어떻게 해야 할까요?

오래 전 1학년을 맡았을 때 미술 시간이 떠오릅니다. 수업을 시작하지도 않았는데 자신 없는 목소리로 "선생님, 저 그림 못 그리는데요, 그림 안 그리면 안 돼요?"라고 묻던 아이, 검정, 빨강으로 선만 몇 개 그어 놓고는 다 그렸다고 가져오는 아이, 여기저기서 바탕을 칠하느냐고 묻는 아이들, 정말 난처했지요. 성의 없어 보이는 그림을 그린 아이들을 보면 화도 났어요. 타이르면서 끝까지 보기 좋게 바탕을 칠하라고도 하고, 대충 막 했다고 아이들을 야단치기도 했습니다. 그러면서도 이렇게 하는 게 옳은 건지 확신이 없었어요. 그런 날은 왠지 아이들에게 미안하고 죄를 짓는 것 같았지요.

제가 그랬던 것처럼 많은 교사들이 미술 교육에 대한 깊은 이해가 부족하여 이런 고민을 하는 것 같아요.

'사람을 모두 로봇으로 그리는 것' 처럼 그림 내용에 대한 문제는 아이들 삶의 문제와 연결되어 있습니다. 요즘 아이들 삶의 둘레가 대부분 인공으로 둘러싸여 있지요. 아이들에게 자연은 없습니다. 흙, 나무, 하늘, 바람, 강물은 아이들에게 너무 멀리 있습니다. 로봇은 메마르고 감정이 없는 콘크리트 속 도시의 삶, 자본이 중심이 된 사회에서 살고 있는 우리 아이들의 모습 그대로가 아닐까요?

공부, 컴퓨터, 텔레비전에 아이들 삶은 갇혀 버렸습니다. 날마다 만나는 텔레비전 속 만화영화, 컴퓨터 게임에는 웃고 화내고 아파하고 눈물 흘리고 기뻐하는 '감정을 가진 사람' 이 나오지 않습니다. 아이들은 자기에게 익숙한 것들을 그릴뿐입니다. 이럴 경우, 아이들과 함께 몸과 마음으로 표현하는 활동을 많이 해 보면 좋을 것 같아요. 몸을 부대끼고 땀 흘리며 놀고, 나무와 흙, 곤충, 바람과 같은 자연을 가까이 느낄 수 있게 더 많은 시간과 노력을 기울이는 게 우선이라 생각합니다.

다음으로 아이들이 그림을 크게 그리지 않는 문제는 '표현 방법'의 문제인데요, 아이가 그린 그림은 그 아이가 본 세상이자 마음의 표현입니다. 그리고 그 대상과 어떻게 관계 맺고 있느냐를 보여 줍니다. 자신감이나 자아 존중감이 낮고 애착관계가 허약한 아이일수록 주인공(나 또는 관계 맺고 있는 사람)을 나타낼 때, 소극적으로 표현하지요. 그런 아이들의 마음을 읽고 이해하면서 맺힌 옹이를 발견하고 나아가 아이들을 둘러싸고 있는 어른들의 삶도 살펴봐야 합니다.

이런 아이들에게는 화면 가득 시원스레 붓질을 맘껏 할 수 있도록 '색종이 만들기'를 해 보면 좋습니다. 4절 도화지에 큰 붓(페인트칠할 때 쓰는 붓)으로 자신이 만들어 보고 싶은 여러 색깔의 종이를 만드는 거예요. 무채색 종이, 한 가지색 종이, 여러 가지 색을 섞은 종이를 만드는 겁니다. 학습 준비물로 도화지, 물감, 여러 종류의 붓들을 넉넉하게 준비해 두면 좋겠지요. 이 활동을 하고는 가슴이 뻥 뚫리는 기분이 들었다는 아이들이 많았어요. 다양한 도구를 마음껏 활용할 수 있게 미술 도구를 자세하게 안내해 주면 좋겠어요. 활용 방법을 몰라 표현의 제약을 받을 때가 많거든요.

꼼꼼히 칠하고 안 칠하고는 아이의 특성입니다. 옳고 그름의 문제가 아니라고 봐요. 마치 아이들이 글씨를 쓸 때 어떤 아이는 꾹꾹 눌러 진하게 쓰는 아이가 있는가 하면, 그저 가볍게 연필을 잡고 쉽게 쓰는 아이가 있듯이 말입니다. 바탕을 꼼꼼히 칠하라는 것도 아이에겐 폭력입니다. 1학년 아이가 도화지에 크레파스가 덧대지도록 빈틈없이 칠하는 것은 그저 의미 없이 강요당한 행위입니다. 아이들에게 들이대는 교사의 잣대는 미술 지도가 아니라 그저 '보기에 그럴듯한 작품'을 만들어 내라는 명령에 지나지 않습니다. 교사는 아이가 나름의 방식으로 자유롭게 표현하는 것을 돕기만 하면 됩니다.

아이들 그림에 '잘 그린 그림'과 '못 그린 그림'은 없다고 합니다. 전에 저도 아이들 그림에서 아이들 삶을 읽어 내지 못했습니다. 그것이 그들만의 세계라는 것을 인정할 줄 몰랐던 것이지요. 그저 도구화되고, 박제된 잘못된 지식으로 아이들을 도화지 안에 가뒀습니다. 벽, 가구, 바닥 아무데나 빈틈만 보이면 그리고 싶어 안달하던 아이들 손끝을 묶어 버렸습니다. 이제 미술 시간에 교사도 아이들도 좀 편안해져야 합니다.

아이들은 틀에 맞춰진 '잘 그린 그림'을 그려야 한다는 강박에서 벗어나고 교사들은 자신의 잣대로 아이들의 작품을 재지 말아야 하겠습니다. 아이들은 마음 가는 대로 붓 가는 대로 자유롭게 표현하고, 교사는 그런 아이들의 작품을 있는 그대로 오롯이 받아들이는 것이 행복한 미술 시간이 아닐까요?

주순영 강원 삼척 정라초 교사

마음이 자유로운 미술 시간을 만들어 주세요

미술 교과를 가르치다 보면 참 난감할 때가 많습니다. 아이들의 표현이 너무 성의 없고 엉성할 때는 교사 자신의 능력을 탓하기도 하지요. 특히 교사들에게는 '좋은 그림'이 관념으로 자리 잡고 있어서, 아이들에게 예쁘게 잘 그려 내는 미술을 가르쳐야 한다고 생각합니다. 그러다 보니 교사들은 좋은 그림을 그릴 수 있는 솜씨를 갖게 하는 것이 올바른 미술 수업이라고 생각하곤 하지요. 좋은 그림이란 보기에 좋아야 하며 바탕이 꽉 채워져야 하고 그림 속 인물도 크게 그려져야 한다고 말이죠. 바로 아이들에게 이러한 솜씨를 키워 주려고 하니 미술 수업이 어려워집니다. 그러나 미술 교육에서 가장 중요한 것은 '미술을 통한 교육'이지 '미술에 대한 교육'이 아니라는 점입니다.

저도 초임 교사 시절에 아이들에게 미술 테크닉을 많이 가르쳤습니다. 남이 보기에도 좋은 그림을 그리는 능력이 미술을 잘하는 것이라고 생각하고, 어른이 배워야 할 기술까지 가르친 적도 있었습니다. 그러다 보니 미술 대회에 나가 아이들이 상도 많이 탔고, 다른 반보다 아이들의 수준이 높다고 자만했던 적도 있었습니다. 지금 생각하면 정말 부끄러운 일입니다. 아이들을 위한 일이 아니라 제 만족과 성취를 위한 것이었기 때문입니다.

우리 미술 교육이 어떤 특별한 능력을 가진 작가를 양성하는 것이 아님을 모두가 압니다. 하지만 현재 우리 교사들은 수학 문제를 잘 풀듯 그림도 잘 그려야 한다고 생각하죠. 그러나 미술 교육의 목적은 그림을 잘 그리느냐가 아니라 어떻게 자신을 표현하느냐에 있습니다. 특히 낮은 학년 아이들에게는 더욱 중요하지요.

올바른 그림 그리기 지도란 우리가 흔히 말하는 예쁜 그림을 말하는 게 아닙니다. 결과로 나타난 그림이 아니라 그리는 과정을 중시하는 것입니다. 즉 미술을 통해 기술적인 훈련을 하는 것이 아니라 자기표현을 개발하는, 독특한 개성을 발현하는 과정인 것입니다.

낮은 학년에게 미술을 지도하는 교사는 아이의 내면에서 일어나는 일들을 통해 아이들의 감정이 성장하고 있음을 중시해야 합니다. 그리고 완성된 작품에 대해 너무 집착하기보다는 아이가 감정이나 생각을 자유롭게 표현토록 도와야 합니다. 미술 교육이 아이들의 창의력을 계발하고, 자기표현 방법을 제공하며, 자신감과 심미적인 안목을 높여 준다는 사실은 잘 알고 있지만 교사들은 언제나 그 결과를 중시합니다. 그리고 그 과정을 대수롭지 않게 생각할 때도 많습니다. 그러기에 미술 수업은 개별화가 이루어져야 합니다.

낮은 학년 아이들에게 교사가 가지고 있는 미적 감각을 적용해서는 안 됩니다. 아이들에게 놀이동산에 다녀온 경험을 그리게 하면, 대부분 설명적인 그림을 그립니다. 마치 도화지 한 장에 자신이 탔던 모든 기구들을 안내도처럼 그리지요. 그러다 보니 인물은 작아지고 바탕은 휑합니다. 놀이동산은 무척이나 넓었으니까요. 아이들은 자신의 생각과 느낌을 그리는 것이지 물체의 크기, 색감 따위에는 관심이 없습니다. 도화지에 이야기를 담은 사람은 아이 자신이기 때문에 교사는 그것을 인정해 주고 칭찬해 주어야 합니다. 교사가 지나치게 방향을 유도하고 간섭하면 아이의 계속되는 창의적 발현 기회를 빼앗을 수 있습니다. 그렇다고 그냥 네 마음대로 해 보라는 식의 수업은 아이들이 아직 자발적 동기가 부족하기 때문에 좋지 않습니다.

경험상, 미술 교육에서 가장 중요한 것은 동기 유발과 칭찬이라고 생각합니다. 동기 유발에는 아이들에게 시각적 경험을 많이 주고 아이가 그리고 싶어하는 욕구를 끌어낼 수 있는 감정의 기폭제가 있어야 합니다. 동기란 교사가 아이에게 주는 것이 아니라 아이 자신이 그들 자신에게 부여하는 것입니다. 교사는 단지 아이들이 스스로 동기를 갖도록 원인을 제공해 주고 자극을 줄 수 있을 뿐입니다. 칭찬은 언제나 아이들에게 자신감을 갖게 해 주고 더 나은 단계로 나아가게 이끌어 줍니다. 그림 결과를 칭찬해 주는 것이 아니라 아이들의 노력을 칭찬해 주고 높이 평가해 주는 것이 커다란 동기가 되는 것이죠.

미술학자 앤드류스는 "아이가 그림을 얼마나 잘 그렸는지의 진정한 평가는 그린 나무가 얼마나 진짜 나무의 모습과 흡사한가가 아니라 그림을 그리면서 나무와 그 주변 환경에 대해 개인적으로 얼마나 깊이 반응했는가다"라고 했습니다. "왜 이렇게 그렸니?" "이건 도대체 뭐지?"와 같은 말은 교사의 세심하지 못한 행동이고 아이의 자신감에 큰 상처를 주기도 합니다. 자기 그림에 대해 교사가 이해하지 못하는 듯한 태도는 아이에게 실패감을 줍니다. 강조하면, 미술 교육은 아이들이 자기표현의 한 방법으로 미술을 알게 하는 것이고, 이를 통해 자신감과 창의력을 키우는

것입니다. 많은 칭찬과 격려 속에서 미술 시간이 아이들에게 즐겁고 자
유로운 시간이 되었으면 좋겠습니다.

김민곤 서울 신묵초 교사

일기 쓰기,
과연
효과적인 교육활동인가요?

교직생활을 시작하면서 줄곧 일기 검사를 해 왔습니다. 날마다 아이들에게 일기를 쓰게 해서 아침에 확인해 주고 있는데, 요즘은 과연 일기 쓰기가 교육적으로 효용성이 있는지 확신이 서지 않습니다. 더구나 국가인권위원회에서 일기 검사가 인권 침해의 우려가 있다는 결과를 내린 터라 지금까지 해온 일기 검사를 되돌아보게 됩니다. 일기 쓰기, 과연 교육적으로 효과가 있나요?

일기는 일기일 따름입니다

아이들에게 때로 실망도 하지만 교육이라는 것 자체까지 부정할 수는 없습니다. 어쨌든 아이들은 우리의 희망이라는 확신을 굳건하게 가져야만 교육을 바르게 할 수 있듯이 일기 쓰기도 마찬가지입니다.

일기를 지도하는 교사들은 일기를 쓰게 하고 검사를 하는 목적을 한번 곰곰이 따져볼 필요가 있습니다. 글쓰기 능력 키우기, 생활을 반성하게 하는 도덕 공부, 생각을 키우는 사고력 공부, 글자를 바르게 익히고 쓰는 공부들에 너무 무게를 두지 않고 있나 한번 돌아 볼 일입니다. 이런 것을 두고 '교육적 효용성' 이라고 할 수도 있을 것 같아서 하는 말입니다.

논술이니 글쓰기니 하는 공부에 무게를 두면 아이들은 날마다 잘 다듬어진 완성된 작품 한 편을 힘들게 써야 합니다. 생활을 반성하는 일기는 거짓으로 꾸며 쓰는 일기를 낳을 수 있고요. 사고력 발달에 중점을 둔 일기는 그날에 일어난 사실을 사실대로 쓰는 게 아니라 생각과 느낌을 중심으로 써야 하는 어려움을 주게 될 것입니다. 맞춤법이나 글자 쓰기에 초점을 맞추면 빨간 볼펜으로 고쳐 써 준 글자들로 가득한 국어 쓰기 공부가 되고 맙니다. 이래 가지고는 일기를 쓰는 아이들이나 그것을 살피는 어른들이나 다 같이 힘들고 싫증납니다.

일기 쓰기의 '교육적 효용성' 은 아이들에게 말로 들려줄 필요가 없습니다. 일기 쓰기 가치나 그 중요성을 깨닫게 하는 것보다는 일기를 재미있게 쓰도록 하는 데 초점을 맞춰야 하리라 봅니다. 그러자면 일기에 짐 지운 온갖 것들을 먼저 버려야 합니다. 아예 버리자는 것이 아니라 재미있게 쓰는 일이 먼저고 그 필요성이나 가치는 즐겨 쓰면서 알아가도록 하는 게 좋다는 말이지요.

일기 쓰기의 필요성을 아이들에게 알리는 방법으로 오래된 자기 일기를 읽어 보게 하는 방법이 있습니다. 아이들은 몇 년 전에 쓴 자기 역사를 아주 재미있게 읽습니다. 그러면서 일기가 이토록 가치 있는 것이구나 하는 것을 깨닫게 됩니다. 또한 일기 쓰기가 몸에 배인 사람은 어쩌다 하루 이틀 일기 쓰기를 놓쳐 버리면 그날의 삶이 통째로 지워 없어져 버린 느낌이 듭니다. 이 느낌보다 더 일기의 중요성이나 가치를 강조하여 설명할 수 있겠습니까?

국가인권위원회에서 권고한 '초등학생 일기장 검사에 대한 의견'을 보면 우리 초등학교 교사들은 정말 일기 쓰기 지도를 초등교육의 전문가답게 바르게 해야겠다는 생각을 더욱 굳게 해 줍니다. 국가인권위원회의 권고 전문을 여기에 들어보겠습니다.

"초등학교에서 일기를 강제적으로 작성하게 하고 이를 검사·평가하는 것은 국제인권기준 및 헌법에서 보장하고 있는 아동의 사생활의 비밀과 자유, 양심의 자유 등 기본권을 침해할 우려가 크므로 이를 개선하고 초등학교의 일기 쓰기의 교육이 아동 인권에 부합하는 방식으로 개선될 수 있도록 지도·감독해야 한다."

여기서 우리가 먼저 주목해야 할 것은 '강제적으로' 입니다. 우리는 초등교육 전문가입니다. 자격이 없는 사람들도 누구나 할 수 있는 '강제적으로' 쓰게 하고, 그래도 안 되면 '강제적으로' 검사라는 방법을 들이대고……. 이래서는 국가인권위원회가 아니라 어디서라도 일기 쓰기는 그렇게 해서는 안 된다는 핀잔을 들을 수 있습니다. 역시 초등교육 전문가가 다르구나 하는 방법을 연구하고 찾아내어 실천해야 마땅합니다.

그리고 또 한 가지 중요한 것은 인권 침해의 위험성이 있는 일기로 지도를 하지 말고 '아동 인권에 부합하는 방식으로 개선될 수 있도록' 하라는 권고입니다. 이 주문을 판단한 근거로 든 글에서 다음과 같이 밝혀 놓았습니다.

'또한 글짓기 능력 향상이나 글씨 공부 등은 일기를 통해서가 아니라 작문 등을 통한 다른 방법을 통하여 달성할 수 있다.'

일기 쓰기 교육의 필요성이나 가치를 일기 쓰기 자체에 두지 않고 있습니다. 글짓기 능력을 향상시키는 수단이고 글씨 공부를 하는 한 방법일 따름이라는 것이지요. 그러니 인권 침해가 우려되는 일기로 그런 공부를 하지 말고 편지글이나 서사문으로 대신해서 교육적 효과를 높이라는 것이지요.

일기는 일기일 따름입니다. 일기를 쓰면서 얼마든지 우리가 '교육적 효용성'이라는 것들을 많이 얻을 수 있습니다. 그렇다고 해서 아예 일기를 그런 공부의 한 수단으로 만들어 버린다면 일기는 영원히 하기 싫은 공부가 되고 맙니다. 우리는 아이들이 재미있게 쓸 수 있는 방법을 연구하고 또 연구해야 합니다. 그래서 일기 쓰기가 밥 먹고 똥 누듯이 아이들 몸에 딱 붙어 일상이 되었으면 하는 바람입니다.

윤태규 대구 금포초 교감

일기의 힘을 믿으세요

아들 마루의 예전 일기를 들춰보았습니다. 마루의 일기장은 해마다 대여섯 권씩 있습니다. 1학년 때 실내화 가방을 들고 놀던 이야기, 2학년 봄에 가족끼리 들꽃기행 갔던 이야기, 4학년 때 전학 와서 적응하기 힘들었다는 이야기까지 아기자기하지만 어마어마한 이야기가 들어 있습니다. 그러나 5학년부터 그 이야기가 끊겨 있습니다. 마루의 역사가 기록되지 않은 것입니다. 이야기야 더 많았을 테지만 기록되지 않았기 때문에 역사는 끊겼습니다. 사실 저도 낮은 학년에게는 일기를 쓰게 했으나 높은 학년에게는 일기를 강요하지 않았고, 쓴다 해도 보지 않겠다고 했습니다. 더구나 교감 선생님이 일기장을 걷어서 도장을 찍어 주고, 상을 준다고 할 때는 더욱 그랬지요. 국가인권위원회에서 일기 검사에 대한 권고가 있을 때도 그건 당연히 그래야 하고, 너무 늦은 감이 있는 건 아닌가 하고도 생각했습니다. 그런데 제가 지난해에 일기를 참 열심히 썼습니다. 블로그를 만들고, 사진을 찍어 올리고, 아이들과 생활하는 모습을 교단일기 형태로 쓰면서로 그치지 않고, '일기의 힘'을 새롭게 느꼈습니다. 제 글과 사진은 저만의 역사로 그치지 않고, 우리 분교의 역사, 아이들의 삶이 되기도 하였습니다. 그것이 '일기의 힘'이었습니다.

그래서 지난해와 달리 올해는 아이들에게 일기 쓸 것을 강요(?)하고 있습니다. 대신에 제가 일기를 통해 얻은 힘을 이야기했고, 일기의 제목도 '삶을 가꾸는 글쓰기'로 했습니다. 또 그 글을 발표도 하게 했습니다. 우리는 월요일 아침마다 '주말을 보낸 이야기'를 하는데, 가볍게 이야기로 하던 것을 이제는 지난주 자신의 글 가운데 하나를 뽑아 읽게 합니다. 발표를 전제로 하기 때문에 자세하게 글을 쓰고, 생각이 다듬어진다는 생각을 했습니다.

그 가운데 가장 큰 변화를 보여 준 아이가 송규입니다. 송규의 일기에는 특히 농사일을 도운 글이 많은데 마치 농사일지를 보는 듯합니다. 글쓰기를 좋아하지 않던 송규는 1주일에 2번 이상만 쓰라고 했는데도 거의 날마다 일기를 씁니다. 송규에게 일기 쓰기가 재미있느냐고 물으니 그렇다고 합니다. 일기장 앞장에 '글을 생생하게 쓰는 두 가지 방법'이라고 해서 대화체를 인용하는 방법과 자세히 묘사하는 방법을 붙여 주었더니 송규의 일기에 대화글이 늘면서 더욱 생생해졌습니다.

아이들도 모두 일기 쓰는 것이 좋다고는 합니다. "1학년 때 쓴 일기를 보면 그때가 생각나고 즐거워져요"라고도 하고, "다음에 이런 일이 있으면 이래야 되겠다 하고 생각할 수 있어요"라고도 합니다.

낮은 학년의 경우에는 일기가 더 필요하다고 생각합니다. 낮은 학년에서 일기를 처음 시작한다거나 일기 쓰기를 어려워하는 아이들에게는 부모님이 아이가 말로 쓰는 일기를 대신 받아 적거나, 부모님이 받아 적은 것을 다시 아이가 보고 그대로 옮겨 쓰는 것도 좋은 방법이라 생각합니다. 많은 교사들이 일기 쓰기의 힘을 믿었으면 좋겠습니다.

노복연 경기 여주초 교사

체육을 싫어하는 아이가 있습니다

많은 아이들이 체육 시간을 무척 좋아합니다. 그런데 여자아이 하나가 체육 시간만 되면 시계만 쳐다봅니다. 내성적이긴 하지만 자기 할 일도 잘하고, 교과 성적도 좋은 편인데 체육 시간만 되면 뒤로 물러서서 어떻게든 하지 않으려고 합니다. 얼마 전 발야구를 할 때도 운동장 뒤쪽에서 쪼그리고 앉아 있더군요. 불러다 이야기를 했더니 울먹거리기만 하고 체육하기가 싫다고만 합니다. 하기 싫어도 해야 한다고 이야기했지만 어떻게 지도해야 할지 모르겠습니다.

달팽이 놀이 같은 활동을 해 보세요

낮은 학년 아이들은 모든 것을 먼저 몸으로 받아들입니다. 행동을 할 때도 머리로 생각하기보다는 몸이 먼저 앞섭니다. 뭔가 호기심 있는 것을 끊임없이 찾아 돌아다니고 거미나 벌 한 마리의 출현에도 모든 아이들이 들썩이며 한순간 교실을 아수라장으로 만들기도 하지요.

예전에 제가 맡았던 3학년 남자아이는 수학을 엄청 잘했는데, 나머지는 모두 너무 더디었습니다. 특히 체육 시간에는 모든 활동에 거의 참여를 하지 않았고요. 학원을 다니고 부모가 수학 공부를 강요하다 보니, 수학 이외의 다른 부분에는 의욕을 보이지 않았습니다. 점심시간에 밥 먹는 것도 느릿느릿, 공부 시간에도 느릿느릿. 체육활동을 해도 의욕이 없어 몸이 너무 느리다 보니 몸을 움직이는 즐거움, 놀이를 통한 성취감을 느끼기가 힘들었습니다. 지난해 맡았던 1학년 여자 아이도 체육 시간만 되면 '머리가 아프다' '배가 아프다' 핑계를 대며 운동장 그늘에 앉아 있곤 했지요. 아이는 자신감이 별로 없고 수줍음을 많이 탔습니다.

우선 아이가 왜 체육을 싫어하는지 잘 관찰해 보고 이야기를 나눠 보시기 바랍니다. 혹시 체육을 못해서 하기 싫어하는지, 자기 때문에 자기편이 질까 봐 그러는지 이야기를 통하면 알 수 있습니다.

그리고 그 아이가 체육 시간에 하고 싶은 활동이 무엇인지 알고 같이 해 보면 좋습니다. 늘 아이가 좋아하는 체육활동을 할 수는 없겠지만 두세 번 하다 보면 같이 어울려 노는 것이 즐거울 것입니다.

낮은 학년에게는 발야구 규칙을 이해하며 놀이에 참여하는 것이 힘들 수 있습니다. 낮은 학년은 복잡한 규칙이 있는 것보다는 단순하게 같이 어울려 놀 수 있는 놀이를 중심으로 체육 시간을 만들어 가는 것이 좋습니다. 저는 1학년 아이들과 '달팽이 놀이'를 하는데 아이들이 참 좋아합니다. 달리기를 못해도 가위바위보로 순서를 바꿀 수 있고, 이겼을 때에는 성취감을 느끼기도 합니다. 또 지더라도 누구 때문에 졌다며 탓하지도 않습니다.

또 아이들과 함께 즐겁게 할 수 있는 놀이는 '쥐와 고양이'라는 놀이입니다. 두 명씩 손을 잡고 둥그렇게 둘러섭니다. 쥐는 도망을 다니다가 두 명씩 붙어 있는 곳에 가서 붙으면 다른 한 명이 다시 쥐가 되어 도망을 다닙니다. 고양이는 '야~옹' 하며 쥐를 잡으러 다닙니다. 고양이가 쥐를 잡으면 쥐가 고양이가 되고 고양이는 쥐가 되어 도망 다닙니다. 이 놀이도 아이들이 쉽게 규칙을 익히고 신나게 뛰어다니며 놀 수 있습니다. 그 밖에 '소꿉놀이' '무궁화 꽃이 피었습니다' '수건 돌리기' '줄넘기' 같은 놀이도 좋습니다.

이 시기에 아이들은 놀이를 통해 동무들과 같이 어울려 지내는 것, 다른 사람의 말을 귀 기울여 듣는 자세, 남을 배려하는 마음, 자기감정을 조절하는 방법을 배웁니다. 또 놀이를 하며 새로운 규칙을 만들어 내며 놀이를 통해 다른 동무들과 평화롭게 어울려 사는 태도를 배우게 됩니다. '잘 노는 아이가 잘 큰다'는 말이 있듯이 어울려서 쉽게, 놀다 보면 아이들끼리 어울려 잘 놀 것입니다.

이선애 서울 누원초 교사

아이들은 정말 체육을 좋아합니다. 체육을 싫어하는 아이라도 일단 교실 밖으로 나가는 것은 좋아합니다. 그래서 체육 시간을 빼먹는다는 게 너무나 미안해서 새 학년을 시작할 때마다 '체육은 절대 빼먹지 말자'고 다짐하게 되지요. 낮은 학년 아이들도 그렇습니다. 온종일 그리 넓지 않은 교실에 잡혀(?) 있다는 건 좀 답답한 일이잖아요. 그래서 밖에서 한 시간 신나게 뛰어놀고 들어오면 쉬는 시간이 좀 조용해집니다.

아이들 안에 잠재돼 있는 에너지는 어떤 식으로든 표출돼야 하고 또 그렇게 할 수밖에 없지요. 때문에 체육 시간조차 조용히 있는 아이의 경우 아무리 내성적이라 해도 어떤 방법으로든 그 에너지를 발산하고 있을 겁니다. 아니면 정말로 뭔가 문제가 있는 것이겠죠.

아이가 왜 체육을 싫어하는지 그 이유를 알아보는 것이 가장 중요합니다. 낮은 학년에서는 자기 상황이나 감정을 말로 잘 풀어내지 못하는 아이도 있습니다. 특히 내성적인 아이들은 자신에게 뭔가 문제가 있다고 생각하는데, 그것이 무엇인지 잘 모르거나 선생님께 자기 마음을 전하는 방법을 몰라 서툴 수 있습니다. 그래서 어떤 아이들은 선생님이 여러 가지 방법으로 물어봐도 시종일관 입을 꾹 다물고 아무 말도 하지 못하다가 눈물만 뚝뚝 흘리기도 합니다.

아이의 마음을 편안하게 해 주었는데도 아이가 말로 잘 풀어내지 못하면 학부모를 만나서 이야기를 나눠 봐야 하지 않을까 합니다. 선생님께 하지 못하는 이야기를 부모님께는 풀어 말할 수도 있으니까요. 설령 아이가 부모님께조차 말로 풀어내지 못한다 하더라도 학교에서 보내는 시간 이외에는 어떻게 생활하는지, 또 집에서는 어떻게 생활하는지 이야기를 나누어 보면 그 원인을 알 수 있겠지요. 그 아이도 자기만의 상처나 이유가 분명 있을 겁니다.

제가 만났던 한 아이는 체육 시간에 게임을 하면 이기고 지는 것에 아주 집착이 강했어요. 그래서 같이하는 친구가 자칫 실수라도 해서 자기편이 지면, 그 친구에게 심하게 대하는 일이 많았습니다. 그러다 보니 그 아이랑 같이 게임을 안 하려는 친구들이 많아졌고, 친구들이 자기를 싫어하니까 자연스레 체육 시간을 싫어하게 되었지요.

또 어떤 아이는 체육에 자신이 없을 뿐더러 잘하지 못하니까 자기로 인해서 자기편이 질까 두려워한 나머지, 체육 시간에 경기를 하게 되면 배가 아프다거나 머리가 아프다는 이유로 벤치에 앉아 있곤 했습니다. 학부모와 이야기해 본 결과 그런 일이 많아서 병원에 가 보았지만 별다른 원인은 없었고, 아무래도 신경성일 것이라는 이야기를 들었다고 했습니다. 두 아이 모두 반 친구들과 함께 이야기를 나누고 서로 이해하고 배려해 주면서 함께 체육 활동에 참여할 수 있도록 도왔습니다.

모든 문제는 이야기로 풀어 가야 합니다. 마음에 있는 진짜 이야기로 말이지요. 아이와 또 학부모와 대화를 통해 원인이 밝혀지면 해결 방법을 찾는 일은 크게 어렵지 않으리라 생각합니다.

아이에게 체육 시간에 특별한 역할을 주는 것도 한 방법이 되지 않을까 합니다. 공이나 다른 필요한 준비물을 챙기게 한다든지 준비 운동을 할 때 선생님 옆에서 함께 한다든지 심판을 보게 하는 것도 방법일 것 같고요. 선생님이 나를 도우려고 한다는 것을 마음으로 느끼면 아이도 조금씩 변해 가지 않을까요? 힘내세요, 선생님!

이현미 경기 안산 와동초 교사

빈칸 채우기 문제가
너무 많습니다

1학년 교과서(바른생활, 생활의 길잡이, 수학 익힘책 등)에 빈칸 채우기 문제가 너무 많습니다. 1학년은 즐거운 놀이와 작업활동, 시연활동을 통해 학습 목표에 도달하는 것이 좀 더 효율적이고 아이들에게도 유익하다고 생각합니다. 그러나 막상 아이들이 연필을 댄 흔적이 없는 교과서를 볼 때마다 고민스럽습니다. 학부모들이 수업 내용을 알지 못하니 교과서만 보았을 때 의아할 것 같고, 저 또한 교사의 양심으로 아이들 교과서가 깨끗한 것을 볼 때마다 직무유기(?)한 것 같은 생각이 듭니다. 어떻게 해야 하나요?

아이가 학교에서 돌아오면 부모님은 이렇게 묻습니다.

"오늘 재미있었니? 뭐 배웠어?"

모든 아이가 배운 것을 자세히 말할 수 있는 능력이 있으면 좋겠지만 그렇지 못할 때에는 공책이나 교과서를 보면서 아이들의 학교생활을 짐작하게 됩니다. 교사도 실험 관찰이나 쓰기 책은 수행평가 자료로 이용합니다. 이럴 때 빈칸은 참 난감하지요. 활동에 적극 참여했지만 시간이 모자랐거나 혹은 쓰기 능력이 부족해서 공부한 흔적이 없다면 어떻게 할까요?

읽기 교과서를 보면 1학년에서 6학년까지 학습하는 과정과 형태가 거의 같습니다. 읽기 전과 읽는 과정, 읽은 후로 나누어 질문과 대답이 오간 다음, 마지막 쪽에 나와 있는 문제를 풀게 되지요. 다인수 학급에서 교사의 질문에 모든 아이들이 모두 참여하기는 굉장히 어려운 일입니다. 특히 낮은 학년 수업에서 대답을 한 아이와 듣기만 한 아이가 있다면 이 두 아이 모두 학습에 적극적으로 참여했다고 할 수 있을까요? 또 아이들의 이해도는 어떻게 평가할 수 있을까요?

제일 중요한 것은 수업에 대한 교사의 이해라고 생각합니다. 이것이 바탕이 되어야 모든 아이들이 전 학습 과정을 통해 흥미를 느끼고 경험하며 탐구와 기초 능력을 기를 수 있다고 생각합니다.

우선 주간 학습 계획을 세울 때, 목표를 자세히 세우고 수업의 형태를 같이 생각해 보는 겁니다. 뒤떨어진 아이를 위해 좀 더 쉬운 과제나 자료를 준비하는 것도 한 방법입니다. 또 교과서를 자세히 훑어보고 어떻게 사용할 것인가를 미리 계획해 메모하거나 접어 둡니다. 이렇게 되면 활동 중심 수업에서도 기초 언어 기능을 키우기 위해 꼭 정리할 부분들을 교사가 판단할 수 있습니다.

두 번째로 만지고 그리고 놀고 생각할 기회를 많이 주면 선생님이 이야기하신 대로 아이들이 수업에 집중하게 되고 수준 차이도 줄일 수 있습니다. 그럴 때 조금 수고스럽더라도 아이들의 활동 모습을 사진으로 담아 두거나 결과물을 남겨서 학부모들과 공유하기를 권합니다. 가정통신문을 만들어 달마다 가장 중심이 되는 학급운영 활동이나 교사의 교육관, 학습활동들을 안내하고 아이들의 학습 결과물도 함께 보내면 교과서의 빈칸은 큰 문제가 되지 않습니다. 또 알림장을 통해 그날그날 학습한 내용을 안내하고 부모님들과 편지나 메모를 주고받으며 아이의 부족한 부분을 지도할 수 있습니다.

세 번째로 아침 시간을 이용해 한 줄 쓰기(예:오늘 아침 학교 오면서 본 것을 써 보세요)를 하거나 좋은 시 맛보기를 꾸준히 하게 되면 생각을 글로 표현하는 능력이 자연스럽게 키울 수 있습니다. 마지막으로 수업 계획과 수업 그리고 평가가 아름다운 창조 행위임을 느끼고 맘껏 누릴 수 있도록 한 교과에 집중해 깊이 있는 수업 준비와 탐구를 계속해야 한다는 것입니다. 또 같은 열정과 생각을 가진 선생님들을 만나 모임 속에서 자신을 발전시키는 방법도 권하고 싶습니다.

최은경 경기 군포 곡란초 교사

빈칸 채우기는 1학년뿐 아니라 전 학년 교과에 있기 때문에 모든 교사들이 이 문제에 고민이 많습니다. 저도 그렇습니다.

저는 직접 교과서의 빈칸 채우기를 자주 해 보는 편입니다. 직접 해 보면 본질을 알 수 있으니까요. 제가 해 보니 빈칸의 50% 이상은 우리 반 아이들이 쓰기에 너무 어려웠고, 또 구태여 채울 필요가 없는 것들이었습니다. 빈칸 채우기는 꼭 필요할 때만 해야겠다는 확신이 들더군요. 선생님께서 수업을 할 때 빈칸 채우기가 꼭 필요한지 확실히 정하는 일이 우선돼야 한다고 생각합니다.

선생님께서 말씀하신 대로 초등학교 아이들에게는 작업활동을 비롯해 직접 체험하는 것이 가장 효과적인 방법입니다. 체험을 하고 나서 결과를 어떻게 정리하느냐는 교사의 수업 계획에 따르고요. 그러니 빈칸 채우기를 모두 그대로 한다는 것은 교과서를 그대로 따른다는 의미가 될 것 같습니다. 때문에 교사가 자신만의 수업으로 수업 계획을 세우면, 빈칸 채우기를 해야 할지 말아야 할지를 결정하는 일은 좀 더 쉬워집니다.

이제 빈칸 채우기의 본질은 교사가 계획하는 수업 과정과 빈칸 채우기의 적합성이라는 두 가지로 정리됩니다. 우리는 어떤 선택을 해야 할까요? 교과서는 참고 자료이니 재구성하여 수업하라는 말을 우리는 자주 듣습니다. 그 재구성은 활동의 재구성일 수도 있고, 내용의 재구성일 수도 있습니다. 물론 많은 수업시수와 업무 때문에 수업을 재구성한다는 것은 쉽지 않습니다. 그러나 교과서의 내용을 그대로 따라서 묻고 대답하고,

활동하고 쓰는 것보다는 교사가 어떻게 수업할 것인지 계획해서 새롭게 활동하고, 그 결과도 나름대로 정리하는 것이 옳다고 봅니다. 물론 모든 교과를 그리 할 수는 없지만 100명의 교사가 있으면 100개의 다른 수업이 되도록 노력해야 한다고 생각합니다.

확신을 가지고 교사가 교육한다고 해도 이번에는 아이들과 학부모의 시각이 마음에 걸립니다. 선생님 고민의 구체적인 지점이겠지요. 문제집의 모든 문제를 풀듯 교과서에도 모두 빽빽하게 글씨를 써 놓아야 공부를 잘했다고 흔히 생각할 수 있으니까요. 이 문제는 직접 아이들과 부모님에게 선생님의 생각을 전하는 것이 가장 좋습니다. 학급 홈페이지에 선생님의 의견을 전해도 좋고, 선생님께서 수업을 준비하면서 어떤 목표를 가지고 있는지 고민 등을 수업일기 형식으로 올려놓으시고 부모님과 의견을 교환해도 좋을 듯싶습니다. 저는 아이들에게 이렇게 말했더니 효과가 있었습니다.

"애들아, 선생님은 반죽을 잘한단다. 물론 빵이나 과자를 만드는 반죽도 있지만 선생님은 수업을 하기 전에 수업을 반죽한단다. 무엇으로 반죽을 할 것 같으니? 교과서로 반죽을 한단다. 그래서 너희들이 교과서를 그대로 읽지 않아도 선생님이 이미 재미있게 반죽을 해 놓았기 때문에 교과서 공부를 다한 셈이야. 그러니까 선생님, 왜 이것 공부 안 해요? 이렇게 묻지 않아도 된단다. 선생님은 어떤 때는 국어랑 수학을 함께 반죽할 때도 있으니까 말이야. 선생님이 재미있게 공부를 반죽할 수 있게 너희도 도와줄 거지? 물론 즐겁게 공부하는 것이 도와주는 거지."

선생님께 조금이라도 도움이 되었을까요? 흔들리지 않는 사람은 없습니다. 늘 흔들리면서 생각을 정리하고 조금씩 뿌리가 깊어지는 것이지요. 그러기에 확고한 생각보다는 흔들리며 생각하는 것이 교사가 가져야 할 더 좋은 자세라고 생각합니다. 이제 선생님만의 생각으로 교과서 빈칸 채우기 문제를 한 번 더 정리해 보는 것이 어떨까요?

조성실 서울 도봉초 교사

학원에서 다 배웠답니다

> "선생님, 그거 답 ○○○잖아요."
> '아~ 또 시작이군.'

요즘 수업하는 재미가 없습니다. 바로 선행학습을 해온 아이들 때문입니다. 수업 내용을 듣지 않는 것 같아 질문하면 답만 외워서는 빤히 보이는 대답만 합니다. 수학 시간에는 푸는 과정보다는 계산하는 방법만 알고 있는 경우가 많고요. 실험 결과를 예측해야 할 과학 시간에도 결과를 미리 말해 버리니, 다른 아이들까지 수업에 흥미를 느낄 수가 없습니다. 가끔은 이 아이들에게 "미리 말하지 말고 다른 아이들이 생각해 볼 수 있게 시간을 주자"하며 부탁해 보기도 합니다.

아무것도 안 배운 상태에서 아이들과 함께 공부하고 싶지만 그런 재미를 빼앗겨 너무 속상합니다. 함께 할 수 있는 방법이 없을까요?

선생님이 겪는 고민과 갈등은 우리나라 초등학교 교실에서 누구나 경험하게 되는 일이라고 봅니다. 학원에서 선수학습을 하는 것이 일반화되어 있다 보니 말입니다. 그런데 이런 맥 빠지는 상황을 오히려 역으로 이용해 보는 것은 어떨까요? 학습이 미리 이루어지지 않은 아이들에게 자칫 열등감을 심어 줄 수 있고, 이미 배운 아이는 학습에 흥미를 심어 주지 못하는 경우인데 두 경우의 아이들 모두에게 학습에 흥미를 갖고 적극적으로 동참시키는 방법을 고민해 보는 것이지요. 우리 반 경험을 말씀드려보겠습니다.

"나눗셈은 우리가 처음 배우는 거지?"

열여덟 개의 바둑알을 책상 위에 늘어놓고 두 개씩 묶음을 하여 나눗셈의 원리를 배우는 수학 시간이었습니다. 어찌해야 할지 두리번거리는 아이들을 보며 내가 던진 말에,

"아니에요. 배웠어요."

몇 녀석이 자랑스레 대답하더군요.

"언제? 난 가르친 기억이 없는데?"

"학원에서 다 배웠어요. 그래서 난 두 자리 수 나누기도 할 줄 아는데."

그때 나머지 아이들은 고개를 빼고 대답하는 아이들을 쳐다보더군요. 그런데 그 눈빛이 묘했습니다. 부러움과 함께 열등감이 서려 있더라고요. 저는 김이 팍 새 버렸지요.

"그래? 잘됐네. 그렇지 않아도 오늘 공부 도우미는 누가 할까 고민하던 참인데. 아 참, 대신 도우미 할 때 나눗셈 방법만 가르치지 말고, 동무들

이 잘 알아듣게 원리를 알려 줘야 해."

나는 아이들의 눈을 들여다보며 일부러 '원리' 라는 말을 강조했지요.

앞에 쓴 이야기는 우리 교실에서 수업할 때마다, 특히 수학 시간에 많이 만나는 모습입니다. 선행학습, 일반적으로 학원에서 하는 선행학습은 예습 차원이 아니라 학교보다 학원의 학습이 앞서간다는 것을 보여 주기 위한 한 방편이며, 학부모들에게 학원에 대한 신뢰를 심어 주기 위해 관례처럼 굳어진 지도 방법입니다. 그러나 미리 공부를 하고 온 아이가 다른 아이에 견주어 학습 성취도에서 앞서느냐 하면 그렇지도 않은 게 현실이잖아요. 학교 진도보다 한 단계 앞서 배운 아이는 오히려 수업 시간에 집중을 하지 않아 원리나 절차를 배우는 데 소홀해 역효과를 가져오기도 하고요. 또 또래 아이들에게 열등감을 심어 주고 공연한 우월감으로 다른 아이들을 무시하는 좋지 않은 모습을 보여 여러 가지 걱정스러운 현상이 나타나기도 합니다.

이 문제를 해결하기 위해 제가 선택한 방법이 하나 있습니다. 그것은 공부를 일찍 마친 아이가 조금 뒤늦은 아이의 공부 도우미를 하는 것이지요. 공부 도우미를 정해 줄 때는 실력 차이가 많이 나는 아이가 아니라 자신보다 한 단계 정도 낮은 아이를 도와주는 것이 좋더라고요. 예를 들면 간신히 3단을 외운 아이가 2단을 못 외우는 아이의 공부 도우미가 되는 식으로 말입니다. 이 방법은 배우는 아이에게는 열등감을 덜 느끼게 하며 자기도 열심히 하면 금방 외울 수 있다는 자신감을 갖게 하더군요. 왜냐하면 나를 가르쳐 주는 아이 역시 조금 전까지는 자기와 다를 바가 전혀 없는 아이였기 때문이지요. 한편 도움을 주는 아이는 자기가 공부한 방식으로 자기처럼 어려움을 겪는 아이에게 무언가를 해 줄 수 있는 사람이 되었다는 데에서 자긍심을 갖는 걸 발견할 수 있습니다.

우리 반 환교는 국어 읽기는 잘 못하는데 수학에는 비교적 어려움을 느끼지 않습니다. 대신 길성이는 국어 읽기는 제법 나아진 대신 수학에 영 자신감이 없습니다. 그래서 이 둘은 서로에게 공부 도우미를 해 주기도 하고 도움을 받기도 합니다. 그러다 보니 둘의 관계도 무척 좋아지고 자기가 아는 것은 다른 사람에게 알려 주고 또 부족한 부분은 언제든 배울 수 있다는 나눔의 철학을 자연스럽게 배우더군요.

학원이나 집에서 미리 공부해 온 아이들 때문에 수업 시간에 자주 맥이 빠지고 오히려 공부에 방해를 받는다는 생각이 들면 이 방법을 써 보라고 권유하고 싶습니다. '저 녀석! 또 나선다' 하면서 울화가 치밀어 곱지 않은 눈으로 쳐다보기보다는, 유능한 인재를 활용해 나누기 위해서 배우는 것이 공부임을 깨닫게 해 주면 선행학습을 한 아이도, 열등감에 사로잡혀 기죽은 아이도 모두 제 몫의 역할을 찾을 수 있는 방법 가운데 하나가 아닐까 싶습니다. 그러나 가장 중요한 것은 교사가 한 박자 쉰 뒤 아이를 바라보는 눈이지요. 그리고 아이에게 가장 잘 어울리는 역할을 찾아 자신감을 북돋워주고, 아이가 가진 것을 좋은 점으로 발전시키도록 돕는 일입니다. 그래야 아이도 살고 나머지 아이들도 힘을 얻고, 또 교사도 지치지 않을 것이라고 생각하며 부족한 답변을 마무리합니다.

최은희 충남 아산 거산초 교사

선행학습은 일종의 예습이라고 할 수 있는데, 잘못하면 다른 사람에게 피해를 입힐 수도 있다는 사실을 아이들은 쉽게 이해하지 못합니다.

이렇게 한번 해 보세요. 칠판에 수학 문제를 풀면서 교사가 그 과정을 설명하지 않고 답만 말하는 것입니다.

"345 나누기 25는 13하고 나머지는 20입니다."

"852 나누기 25는 몫이 34입니다. 알겠지요?"

"네!" "아니요! 무슨 말인지 모르겠어요."

"네, 하고 말하는 사람이 있었는데 모르는 사람은 왜 몰라요?"

"다른 애들은 미리 학원에서 공부해서 그래요."

"그런데 선생님은 이미 알고 있거든. 그래서 이렇게 가르치는 건데, 안 될까? 어려워?"

"그러면 선생님만 풀지 우리는 못 풀잖아요."

"그래, 왜?"

"…… 생각할 수 없잖아요."

"맞아요. 선생님은 알고 있지만 여러분은 모르지. 그래서 배우는 것이고, 배우는 사람에게 생각할 수 있는 기회를 빼앗으면 안 되지! 내가 안다고 해서 이렇게 불쑥 미리 말해 버리면 안 되겠지! 공부하는 데도 지켜야 할 규칙과 예절이 있는 거야. 답을 말할 때는 시간을 두고 알고 있으면 손만 들자. 선생님이 아는 사람 손들라고 하면 그때 들어 주세요. 그리고 질문이 있을 때는 언제든지 손들어 물어보세요."

이렇게 한 시간쯤 들여 학급 규칙을 정해 보세요. 왜 하지 말아야 하는지 한마디만으로 해결될 문제는 아니거든요. 버릇이 들지 않기 때문에 되풀이해야 해요.

두 번째 해 볼만한 것은 교과서 예문이나 예를 다른 것으로 준비하는 것입니다. 특히 국어나 수학 시간에 하면 좋습니다. 미리 공부한 아이들 가운데 절반 가까이는 그 답을 외우거나 써 와서 읽어 버리기도 합니다. 그래서 다른 예를 들거나 예문을 준비해서 들려주는 것입니다. 그러면 최소한 몇 분쯤은 생각할 여유를 가질 수 있게 됩니다. 물론 교재 연구 시간은 많이 필요하게 되겠지요.

세 번째 노력해 볼 것은 이런 문제를 학부모와 함께 나누는 것입니다. 학부모 통신으로 이런 문제점을 써서 알려 주세요. 한 아이만 보고 가르치는 것이 아니라, 여러 아이들을 가르쳐야 하기 때문에 혼자 가르칠 때와 다른 방법과 규칙이 필요하다는 것을 시로 알아야 하지요.

또래 아이들과 함께 공부하는 방법도 익히면서 해야 하기 때문에 공교육이 사교육보다 느릴지 몰라요. 하지만 그렇게 사람 됨됨이도 함께 무르익으니, 어울려 더불어 사는 것이 아니겠어요. 더디 가더라도 여럿이 함께 가는 법을 익히는 일이기도 하지요. 그게 인성이고 사람을 키우는 일이기도 합니다.

여러 방법을 나름대로 고민해 보세요. 그러면서 아이들 생각이나 생활을 알게 되고, 그 삶에서 문제를 해결하는 힘이 생길 것이라고 믿어요.

최진수 경남 함안 대산초 교사

학급운영과 교과지도, 모두 잘할 수 없나요?

저는 요즘 아이들에게 무지막지하게 공부를 시키고 있습니다. 5학년을 맡아 보니 교과도 많고 복잡하여 해야 할 게 많더군요. 또 학교에서는 모든 행사에 높은학년이 동원되어, 교과를 제대로 가르칠 시간도 부족합니다. 지난해 초임 교사일 때는 학급문집도 만들고, 현장학습이다, 체험학습이다, 하면서 다양한 학급운영을 시도했어요. 그러다 보니 집중적으로 공부할 시간이 부족했는지, 어느 순간 아이들의 학력이 너무 떨어지는 것 같은 위기감이 들었습니다. 그래서 올해는 교과 공부에 많은 시간을 할애했습니다. 단원 평가도 여러 차례하고, 나머지 공부를 시켰습니다. 그러니까 아이들이 정말 공부를 열심히 합니다. 하지만 방과 후에 나머지 공부를 하기 싫기 때문이니 좀 심각합니다.

공부만 시키자니 학급에서 아이들과 다양한 활동을 할 수 없고, 그렇다고 지난해처럼 하자니 학습 수준의 차이가 많이 날 것 같습니다. 제가 학급운영 시간을 효율적으로 활용하고 있지 못하기 때문인가요? 아이들을 학습시키는 일에 교육적인 방법이 무엇일까 고민입니다.

"선생님, 저는 박 선생님이 담임이 되면 좋긴 한데, 공부를 너무 시키지 않는다고 다른 부모님들 사이에서 좀 불만이 있어요. 학급운영인가 하는 것을 열심히 하느라고 공부를 제대로 가르치지 않는다고요."

꽤 오래 전 일입니다. 새 학년이 가까워질 무렵 친하게 지내던 학부모와의 대화 도중에 나온 말이죠. 말이 박 선생님이지, 제게 하는 말이나 다를 것 없다는 생각이 들었습니다.

그때부터 저도 학급운영이라는 것에 대해 다시 생각해 보았고, 학급운영의 정의를 나름대로 세우게 되었습니다. 많은 새내기 교사와 교직 경력이 짧은 선생님들이 학급운영을 계획하고 이끌어 가면서 교과지도와 학급운영 사이에서 고민합니다. 어느 한쪽을 소홀히 하기도 싫지만 그렇다고 둘 다 완벽하게 하는 것도 힘들기 때문이죠. 하지만 그것은 학급운영과 교과 공부를 분리하여 생각하는 데서 오는 고민입니다. 학급운영과 교과지도를 따로 떼어서 생각하면 학급운영은 아주 부담스러운 활동이 됩니다.

학급운영이라는 말 자체는 교과 공부를 포함하고 있으며 학급운영 가운데 가장 큰 비중을 차지하는 것은 교과 수업이어야 합니다. 수업 시간에 교과 내용을 가르치지 않고 교과와 전혀 상관없는 활동을 하는 경우가 있습니다. 물론 그것도 학급운영이며 그런 활동이 교과와 관련되어 있지 않다고 해서 교육적이지 않다고 말할 수는 없습니다. 그렇지만 이벤트성 학급운영은 아이들의 재미를 위해 어쩌다 하는 활동이어야지, 그것이 주가 되어서는 곤란하겠지요. 따라서 제대로 된 학급운영이라면 많은 부분이 교과지도와 연관되어 있을 수밖에 없습니다. 교과 수업을 어떻게 하면 더 풍부하고 다양한 활동을 포함하도록 재구성해서 가르칠까 하는 고민의 답이 '학급운영' 이라는 이름으로 나와야 합니다. 예를 들어 '학급 노래자랑' 을 한다고 했을 때 사전 준비가 없다면 '이벤트' 가 되지만 '음악, 국어, 미술' 을 통합하여 준비하면 교과 내용을 풍부하게 하는 학급운영이 되는 것이죠. 종이 접기와 칠교, 노래 가르치기, 게임 등 모든 활동이 교과와 서로 얽히면서 관계를 맺어 나가는 학급운영이 되도록 하면 좋을 것입니다.

학급운영과 교과지도를 분리하지 않고 하나의 덩어리로 보는 관점이 생긴다면 '학급운영은 잘 하는데 교과는 잘 가르치지 못한다' '교과는 잘 가르치는데 학급운영은 잘하지 못한다' 는 말은 하지 않게 될 것입니다. 교과를 잘 가르치는 선생님이 학급운영도 잘하는 선생님이 되고, 학급운영을 잘하는 선생님이 교과 수업도 잘하는 선생님이 되지 않을까요? 그리고 교과 수업을 교과서에 있는 것을 충실히 가르치는 것으로만 생각하지 마시기 바랍니다. 교과에서 요구하는 목표를 다양한 학급운영을 통해서도 얻을 수 있다는 생각을 갖는 겁니다. 다만 그런 학급운영이 학년이나 교과에 대한 교사의 고민이 제대로 담기지 않은 내용이라든지, 누군가의 좋은 학급운영 사례를 그대로 적용하는 것이어서는 안 되겠지요.

신명기 서울 영훈초 교사

우선 나는 왜 아이들을 가르치는가, 나는 아이들이 무엇을 알기를 바라는가, 나는 아이들이 공부를 해서 어떤 사람이 되기를 바라는가, 교과마다 그 교과를 가르치는 목표가 무엇인가를 꼭 생각하시기를 권합니다. 단원 평가에 모두 통과하면 가르치는 목표를 달성한 것일까요? 혹시 '정답을 알고 있다, 지식을 안다'에 집착한 결과는 아닐까요?

5학년 국어과의 예를 들어 보겠습니다. 〈목련꽃〉이라는 시를 공부하고 나서 선생님은 어떤 평가를 하셨나요? '목련꽃은 아이들의 입이다'에서 사용한 표현 방법은 무엇인가, 라는 물음이 있을 수 있겠지요. 비유법이 답입니다. 그리고 비유법이 들어가는 짧은 글을 하나 쓰라고 하겠지요. 그런데 아이들이 비유법을 알고, 비유법의 예를 들고, 시의 주제, 소재, 재미있는 표현을 잘 추려내서 정답을 맞히면, 공부를 잘한 것일까요?

아이들은 모두 시인이라고 합니다. 사물이나 사실을 있는 그대로 느끼고, 표현하고, 사랑의 마음을 가지고 있다는 의미일 것입니다. 우리가 시를 공부하는 이유는 아이들에게 시인의 마음을 찾아 주는 것, 그것을 시로 표현하는 것, 시를 좋아하도록 분위기를 만들어 주고 계속 시를 읽도록 마음을 움직여 주는 것이 아닐까요? 우리 교사는 무엇을 목표로, 얼마나, 어떻게 가르칠 것인가를 고민해야 합니다. 단원 평가는 내용을 일방적으로 묻고 아는지 확인하는 것이 아니라, 선생님의 수업 목표에 도달했는지 여부를 확인하는 것이어야 합니다.

가르치는 목표는 교과마다 다를 겁니다. 수학과는 반 아이들이 모두 단원의 중요한 개념을 알고 다음 단원으로 넘어가는 것을 목표로 하는 것이 좋을 듯합니다. 그러기 위해서 수업을 제대로 이끌 수 있는 방법을 고민하셔야 합니다. 교과서에 나온 그대로 문제를 풀고, 단원 평가를 하고, 모르는 문제를 가르치고 다시 평가하는 방법으로 아이들을 공부시키면 점수는 높아질지도 모릅니다. 하지만 아이들은 수학을 재미없는 과목, 어려운 과목으로 생각하게 되지, 진정 수학 학습에서 얻어야 하는 사고력, 추상적 사고, 논리력, 앎의 기쁨이나 의지 등은 얻기 힘들겠지요.

학급운영도 그렇습니다. 우리가 생일잔치를 하는 까닭은 다른 사람을 위한 일이 행복임을 알고, 다른 사람과 내가 행복할 수 있는 방법을 배우기 위한 것이지요. 여기에 생명이나 태어남의 의미를 생각해 보게 하고, 더불어 스스로 어떤 일을 계획해 보는 자치의 개념을 담으면 어떨까요? 학급운영도 아주 중요한 공부가 되겠지요. 학급운영을 많이 하면 공부가 소홀해지는 것이 아니라 학급운영을 하면서 공부하는 분위기를 더 잘 만들어 갈 수도 있습니다.

이제 선생님 고민을 잠깐 접으시고 정리해 보세요. 아이들이 꼭 기억해야 하는 지식은 어느 정도인지, 지식을 습득하는 방법은 무엇으로 해야 할지, 그보다 더 중요하게는 변화시키고 싶은 태도나 느끼게 하고 싶은 것은 무엇인지, 1년 동안 아이들이 어떤 모습으로 자라기를 바라는지에 대해서요. 교육의 목표 가운데 '지식을 안다, 답을 쓴다' 는 것은 아주 작은 부분입니다. 아이들은 교과서의 모든 내용에 대해 '정답을 쓸 수는 없다' 는 사실도 기억하세요.

조성실 서울 도봉초 교사

교사가 된 지 22년, 그중 절반은 월말고사가 존재하던 시절이었어요. 5학년을 담임한 첫해에는 열정과 설렘을 가지고 최선을 다했지요. 하지만 15학급 가운데 10등 안에 든 적은 거의 없었답니다.

9년 정도 흘러 2학기가 시작되던 날, 방학숙제를 다 해오지 않은 학생 15명을 데리고 나머지 공부를 시작했어요. 그 아이들을 데리고 반 실력을 올려 보기로 계산한 거지요. 이 계산은 적중했어요. 날마다 남아서 문제집을 풀다 보니 한 달에 두 권도 넘었어요. 실제로 월말고사에서 15~22명 정도가 평균 90점이 넘어 학력 우수상을 타게 되었어요.

그리고 그 이듬해부터는 중간고사와 기말고사만 보게 되었답니다. 그러니까 얼마나 마음이 편하던지요. 그때부터 단편적인 지식을 주입시키는 교육이 아닌 제 나름의 학급운영을 고민하기 시작했어요. 초등학교에서 배우는 지식이야 언제든 바뀔 수 있지만, 사람으로서 살아가야 할 도리는 변하지 않는다는 생각에서였요.

그 뒤 10여 년 동안의 학급운영을 돌이켜보면, 점점 깊어지고 넓어지고 높아지는 교사의 생각과 사람을 어떻게 볼 것인가 하는 인간애가 학급운영의 목표를 설정하는 토대가 된다는 것을 깨달은 것 같아요. '앞선 자'를 뜻하는 선생이 무엇을 중요하게 여기는가에 따라서 학급운영이 달라진다면, 교사는 담임을 맡기 전에 한 해 목표를 세워 보아야 하겠지요. 더구나 목표를 향해 나아가다 그것이 아니라는 생각이 든다면, 일단 한 호흡 늦추면서 자기 현실을 직시해 보는 일도 스스럼없이 해야 될 것 같아요.

우리는 성적 위주의 교육을 받아온 사람들이지요. 입으로는 학생 저마다의 소질과 특기를 계발해 주고 더불어 살 줄 아는 진정한 생태주의적 민주시민으로서의 자질을 길러 주어야 한다고 말하면서도, 학생들의 성적이 뒤떨어지는 것에 조바심과 두려움을 느끼지요.

그럼에도 선생님이 올 한 해 '지식(성적)'에 초점을 맞추셨다면 성공이든 실패든 일단 해 보세요. 대신 선생님의 불안을 없애고, 학생들의 스트레스 해소와 건전한 성장을 위해 인성교육 부분을 덧붙여 보세요. 예를 들면 음악 들으며 독서하기, 동화 들려주기, 만화 그리기나 스케치, 환경·생태교육, 생각 키우기, 건전 가요 부르기 같은 활동이 있죠. 그밖에 여러 가지를 선생님이 선택하셔서 아침 수업 시간이나 점심시간, 종례 시간 등 가능한 시간을 활용하여 시작해 보세요. 아마 후회든 기쁨이든 올 한 해 동안 겪은 일들은 앞으로 선생님이 걸어갈 길의 주춧돌이 될 것입니다. 그리고 그것이 진정한 교사가 되는 시작이겠지요.

밀란 쿤데라가 쓴 〈시인이 된다는 것〉이라는 시가 있어요. 이따금 교사로서 힘들어질 때, 자신이 없어질 때 '시인'을 '교사'로 바꾸어 중얼거려 본답니다. 저 스스로 마음을 다잡기 위해, 또 다시 앞을 향해 나아가기 위해.

시인이(교사가) 된다는 것은

끝까지 가 보는 것을 의미하지

행동의 *끝까지*

희망의 *끝까지*

열정의 *끝까지*

절망의 *끝까지*

너무 일찍 계산하고, 너무 일찍 절망하여, 너무 일찍 포기하고 일어서 버린다면 안 되지요. 끝까지 가 보지 않은 길은 언제나 후회만 남기니까.

김희숙 광주 금당초 교사